엽서의 그림 속을 여행하다

엽서의 그림 속을 여행하다

2008년 3월 10일 초판 3쇄 인쇄
2008년 3월 17일 초판 3쇄 발행

지은이 | 이형준
발행인 | 전재국

본부장 | 이광자
주간 | 이동은
편집팀장 | 권희대
편집 | 원경혜·성화주
미술팀장 | 팽현영
마케팅실장 | 정유한
마케팅팀장 | 정남익

발행처 | (주)시공사
출판등록 | 1989년 5월 10일(제3-248호)

주소 | 서울특별시 서초구 서초동 1628-1(우편번호 137-878)
전화 | 편집 (02)2046-2847 · 영업 (02)2046-2800
팩스 | 편집 (02)585-1755 · 영업 (02)588-0835
홈페이지 | www.sigongsa.com

ISBN 978-89-527-4383-1 14980

값은 뒤표지에 있습니다.
파본이나 잘못된 책은 교환해 드립니다.

엽서의
그림 속을
여행하다

이형준 글·사진

시공사

잘 쓰지도 못하는 글씨를 써내려가며
이 엽서가 가 닿을 당신을 생각합니다.
풍경 속에서 사람을 찾아가며
제 여행은 완성되어 갑니다.

마음만이 가 본 여행지,
그곳에서 띄우는 엽서

16년 전 무작정 가방에 사진기와 필름을 넣고 유럽행 비행기에 올랐다. 해외여행 자유화가 시작된 지 1년이 지났지만 아직 국외로 배낭여행을 떠나는 사람이 그렇게 많지 않던 시절이었다. 런던과 에든버러, 파리를 거쳐 융프라우까지, 그저 온갖 것들이 궁금하고 신기했던 기억이 지금도 생생하다. 여행을 직업으로 선택한지도 이제 16년, 지금까지 둘러본 나라가 어느새 119개국에 이른다. 머물렀던 크고 작은 도시와 마을의 수는 기억이 잘 안 날 정도니 정말 많은 곳을 다니긴 한 것 같다.

여행을 시작하면서 가장 먼저 접하게 된 것은 새로운 자연과 문화, 그리고 그 속에서 살아가는 사람들이었다. 도심에 자리한 공원과 문화적 향취가 가득한 거리, 신의 위대한 창조력을 새삼 깨닫게 했던 거대한 자연, 그리고 각기 다른 피부와 언어를 간직했던 사람들은 오랫동안 내 '마음의 사치'에 즐거운 피사체가 되어 주었다.

그러던 어느 여름날. 융프라우의 거점 도시인 인터라켄과 브리엔츠 사이를 운행하는 유람선에 올라 알프스를 바라보면서 문득 '삶에서 진정으로 중요한 것은 무엇일까' 하는 생각을 했다. 멋진 풍경 속에 있지만, 실은 뭔가 중요한 걸 놓치고 있는 건 아닐까 하는 불안감이 마음을 눌렀다. 해질 무렵까지 나는 갑판 위에 그대로 서 있었고, 그렇게 해서 그날 얻은 결론은 역사와 문화, 자연 같이 거창한 것이 아니라, 그저 나와 일상을 함께 하는 '내 주변 사람들'이었다. 총각 시절이던 그때 가장 먼저 생각나는 얼굴은 나를 있게 하신 부모님이었다. 서둘러 우편엽서 한 장을 샀다. 그리고 엽서에 적었다. 31년 동안 보살펴 주셔서 감사합니다. 지금, 당신들이 무척 그립습니다. 그게 시작이었다. 엽서를 쓰는 일이 내 여행의 한 과정이 된 것은.

그리고 10여 차례 여행을 더 마친 후 결혼을 하게 되었다. 딸아이 이아가 태어난 후로는 엽서 쓰는 일이 더욱 잦아졌다. 새로운 여행지에서 감동과 환희의 순간을 만끽할 때, 혼자만의 외로움이 다가와 귀국하고 싶은 마음이 간절할 때, 사랑하는 아내와 딸이 눈앞에 아른거릴 때, 함께 있지 못해 남편으로서 아버지로서 미안하고 미안할 때, 어김없이 그 마음을 엽서에 담았다. 아프리카에서, 유럽과 미주, 오세아니아에서 그리고 가까운 일본과 중국에서 딸아이와 아내에게 보낸 엽서와 편지만도 100여 통에 이르는 것 같다. 벗과 이웃들에게 보낸 엽서는 조금 더 많을 것이다.

부모님에게서 시작되었던 내 엽서의 수신인은 여행의 횟수가 늘어가면서 아내와 딸, 정다운 벗들 그리고 고마운 이들에게로 번져갔다. 함께 있을 때는 잊곤 하는 그들의 소중함이 떠나온 자리에서 순간순간 절감되었다. 곁에서는 차마 하지 못 했던 사랑과 감사의 말들을 엽서 위에는 짤막하게나마 용기 내어 보일 수 있었다. 여행지에 대한 정보와 간단한 안부 정도가 전부였으니 사실 대단할 것도 없다. 하지만 돌아보면 엽서는 사랑에, 그리움에, 사람에, 인생에 더 가까이 다가갈 수 있는 시간을 마련해 주었던 것 같다.

시대에 너무 뒤처진 소리를 하는 건 아닌지 모르겠다. "이제는 세계 어느 도시를 가도 쉽게 PC방을 찾을 수 있는데 귀찮게 무슨 엽서냐"며 의아해하는 눈길도 받았다. 하지만 영 촌스러운 사람이라서 그런지 세련되지 못한 마음은 이메일보다는 엽서에 더 잘 담기는 것 같다. 여전히 나는 새로운 곳에서 엽서를 보내는 일이 즐겁다.

이 책을 쓰기에 앞서 그간의 여행 목록 중 어떠한 것들을 모아야 하나, 적지 않은 시간을 고민했다. 저마다 다른 환경과 문화 속에 이루어진 여행지를 몇몇만 추려내려 하니 여간 어렵지가 않았다. 이색적인 장소나 세계적인 관광지를 중심으로 말문을 열자니 요즘처럼 여행이 자유로운 시대에 또 똑같은 정보더미만 하나 더 늘리는 것 같아 조심스러웠다. 그때 엽서를 떠올렸다. 이메일이 홍수처럼 넘치는 세상, 내 여행을 더 풍요롭게 해주었던 이 아날로그의 느낌을 많은 이들과 공유하고 싶다는 생각이 들었다. 여행이 주는 또 하나의 묘미를 내 나름으로 제안도 하고 싶었다.

　그래서 그간 둘러보았던 세계의 각 지역 중 가장 엽서 속 그림 같던 곳을 꼽아 보았다. 여기에 소개된 곳들은 내게 때로는 정겹고, 때로는 낯설고, 때로는 웅장하고, 때로는 신비로운 느낌으로 다가온 곳들이다. 하지만 하나 같이 아름답다는 공통점을 지니고 있었다. 우리가 동경하는 꿈의 여행지는 사실 대수롭지 않게 여겨왔던 자그마한 엽서 속에 담겨있는지도 모른다.

　매일 밤 침대에 누워 온 세계를 누비고 있을 독자들을 위해 내가 다녀온 곳들에 대한 사진과 이야기들을 정리해 보았다. 마음만이 가보았던 그곳을 향해 언젠가 드디어 여행가방 꾸릴 날에 작게나마 도움이 되길 바란다. 소중한 사람들에게 보냈던 엽서들도 부끄럽지만 함께 나누고 싶어 조금 공개한다. 어쩌면 이 책은 미리 가본 여행자가 미래의 여행객들에게 보내는, 조금 긴 엽서인지도 모르겠다.

유럽의 하늘 위에서
이형준

INTRO

꿈꾸는 여행자에게

오늘도 길 위에서 안부를 전합니다.

내가 느낀 자연, 그 벅찬 감동을 어떻게 하면

그대로 전할 수 있을까요.

고단한 마음이 쉴 수 있는 곳도 운 좋게

발견했습니다. 지친 가슴에 위로가 되었으면 좋겠습니다.

하지만 휴식도 잠시, 색다른 곳에서 인생을 배우고

우리는 또 어딘가를 향해 가겠죠.

살아가는 일이 결코 쉽지는 않지만 그래도

새로움이 있어 즐거운 법.

그럼 이제 떠나볼까요?

*서문 | 006

Postcard 01
꿈 꾸는 여행자에게
만 년이 흘러도 빛나는 청춘 **융프라우** | 014
모험가의 심장을 뛰게 하는 장엄한 소리 **이과수폭포** | 028
짙고 눈부신 그대들의 신화 **미코노스** | 040
불가능을 극복한 위대한 사람들 **카파도키아** | 052
헤밍웨이가 사랑한 섬 **키 웨스트** | 064

Postcard 02
자연 그 벅찬 감동을
빙하가 만드는 드라마틱한 다큐멘터리 **피오르드** | 076
위대한 자연 앞에서 인간의 언어는 힘을 잃는다 **밀포드 사운드** | 088
태고의 땅에서 나를 만나다 **빅토리아 폭포** | 100
산, 호수, 빙하, 회색곰 그리고 자연 앞에 나 **캐나디안 로키** | 112

Postcard 03
고단한 마음이 쉬어가는
산 자들의 경승지, 죽은 자의 안식처 **태산** | 126
산호 위에 떠 있는 파라다이스 **해밀턴 섬, 헤이만 섬, 휘트선데이 제도** | 138
지친 마음을 내려놓는 숲 **태즈메이니아 야생지대** | 150
알프스 속에 숨어있는 동화 같은 휴양지 **제필드 인 티롤** | 162
웰빙 여행의 진수 **뉴토 온천지역** | 174

Postcard 04
그곳에서 인생을 배우고

뇌관을 품은 평화의 도시 **예루살렘** | 186
인생처럼 엇갈린 미로의 도시 **페스** | 198
떠나온 후에도 나를 기억하는 곳 **료칸** | 210
공존이란 무엇인가 **응고롱고로 자연보호지역** | 222
시간을 잃어버린 공중도시 **마추픽추** | 236
신과 인간이 함께 만든 알래스카의 보석 **스케그웨이** | 246

Postcard 05
오늘도 새로움으로 즐겁다

지상에서 가장 낭만적인 기차여행 **블루 트레인** | 260
세계 골퍼들을 설레게 하는 꿈의 공간 **펜코트 리조트** | 272
가면을 쓰고 축제 속에 뛰어들다! **베네치아** | 284
북구에서 느끼는 색다른 경험 **얼음호텔** | 298
바다 위 궁전에서 **카리브 크루즈** | 310

TRAVEL MENTORING
* 이형준의 실용 사진 레슨 | 322
* 외국에서 엽서 보내기 | 326

*014

Jungfrau

*028

Iguazu Falls

Postcard 01

꿈꾸는
여행자에게

*040
Mykonos

*052
Cappadocia

*064
Key West

postcard from **SWITZERLAND**

융프라우 지역에 있는 농가. 만년설의 봉우리와 야생화가 어우러진 그림 같은 풍경이다.

만 년이 흘러도 빛나는 청춘
융프라우

from Jungfrau

15년 전 우리가 함께 융프라우를 찾았을 당시 자네는 갓 대학을 입학한 청년이었지.
매서운 추위에도 불구하고 융프라우의 풍광을 사진기에 담기 위해
어찌나 설원 위를 분주하게 움직이던지 감동적일 정도였어.
융프라우를 찾을 때면 **도전을 즐기던 자네의 청년 시절**이 생각나곤 한다네.
자네도 어느덧 결혼을 해서 이제 한 가정의 가장이 되었구면.
삶이 고단해도 융프라우 설원보다 더 빛나던 그 시절 그 청년을 잊지 말게.
부디 잃지 말게.

— 여전히 도전을 즐기는 김재훈 님께.

인터라켄에서 기차를 타고 융프라우요흐로

한국의 젊은이들이 가장 가보고 싶어 하는 여행지 중 하나라는 융프라우는 내게도 역시 뜻 깊은 곳이다. 그 봉우리 끝에 서서 눈 덮인 알프스를 바라보며 앞으로 펼쳐질 미래의 청사진을 두근거리며 그려보던 시절이 내게도 있었다. 여행을 직업으로 삼은 지도 십수 년을 훌쩍 넘긴 지금, 그 좋던 일들이 고단한 짐으로 다가오고 매너리즘의 늪에서 주체할 힘을 잃는 시간도 때로 숙제처럼 찾아온다. 그때마다 나는 이곳 설원에 올라 어설픈 초보 배낭여행객 시절 느꼈던 감격을, 용기와 열정만으로 하늘을 찌를 것 같던 젊은 사진가의 첫 마음을 떠올리고는 한다. 그래서 융프라우는 내게 참 특별하다. 세계를 품고 있을 이 땅의 청춘들에게 꼭 한번 권하고 싶은 곳이다.

알프스 산맥 지역인 「베르너 오버란트」로 향하는 차창 밖 풍경은 한 장면 한 장면이 모두 그림 같다. 잔잔한 호수를 배경으로 멋진 자태를 자랑하는 고성古城도 그렇고 능선을 따라 옹기종기 모여 있는 아담한 마을 또한 그렇다. 베른, 튠, 스피츠를 지나 만나는 「인터라켄」은 참으로 푸근하게 다가오는 장소다. 웅장한 만년설 봉우리, 넓은 초원, 호수가 어우러진 인터라켄을 처음 찾은 1988년 이후 나는 이 매력적인 도시에 푹 빠져 인근을 찾을 때면 습관처럼 융프라우의 관문에 해당되는 이곳에 숙소를 정하곤 한다.

인터라켄은 「호수Laken 사이Inter」란 의미의 라틴어에서 유래되었다. 동쪽에는 브리엔츠 호수가, 서쪽으론 튠 호수가 자리잡고 있어 호수와 알프스의 산자락, 그리고 들판이 어우러진 환상적인 풍광을 자랑한다.

옛날부터 수도원이 있었던 관계로 중세 때는 라틴어를 사용하기도 했던 인터라켄이 사람들에게 알려진 시기는 17세기말. 본격적인 휴양지로 발달한 시기는 1085년부터다. 스위스 민족스포츠대회가 성황리에 끝나자 인터라켄은 스포츠와 휴양을 즐길 수 있는 명소로 등장하게 되었다. 그리고 이런 유명세는 부호들로 하여금 호수가 한 눈에 내려다보이는 곳에 별장을 짓게 하였고 그리하여 자연스럽게 이곳은 유럽을 대표하는 휴양지로 자리매김하게 되었다.

인터라켄에서 유럽의 지붕인 「융프라우 봉」으로 오르는 데에는 두 가지 방법이

융프라우요흐로 오르는 길목인 클라이네 샤이데크에서 바라본 풍경. 봄에는 융프라우 어디를 방문해도 야생화가 가득하다.

융프라우 지역에서 흔히 접할 수 있는 호수와 그림처럼 예쁜 마을.

있다. 열차를 이용하는 경우라면 인터라켄 동역에서 출발하는 등산열차를 이용하면 된다. 승용차를 이용할 경우에는 반드시 「그린델발트」와 「라우텐부르넨」까지 이동한 다음 자동차를 주차시켜 놓고 등산열차를 이용해야만 한다.

    등산열차를 타고 멋진 풍광을 수없이 지나면 중간 기착지인 「클라이네 샤이데크」에 이른다. 가파른 산을 올라온 등산열차는 방문객들을 모두 내려놓고 잠시 휴식을 취한다. 클라이네 샤이데크는 새로운 등산열차로 바꿔 타려는 사람들로 북적이지만 서둘러 움직일 필요는 없다. 주변을 천천히 걸으며 둘러본 후 가능하면 우측 편 좌석을 확보하자. 왜냐하면 웅장한 산과 아름다운 알프스를 감상하기에는 좌측

보다 우측이 훨씬 더 좋기 때문이다.

　　세계에서 가장 높은 곳에 있는 기차역인 「융프라우요흐Jungfraujoch」를 향하는 등산에서 제일 먼저 접하게 되는 것은 수많은 산악인들의 목숨을 빼앗아간 「아이거 봉」이다. 웅장한 융프라우 봉에 오르기 위하여 준비를 하는 산악인, 풀밭에 누워 구름을 벗 삼아 휴식을 즐기는 관광객, 한적하게 휴식을 취하는 소 떼. 이들을 바라보며 이동하다보면 터널로 접어들게 된다. 어두운 터널을 지나고 나면 갑자기 뼈 속까지 스며드는 한기를 느끼게 된다. 그렇다. 이런 한기가 감지되는 곳이 바로 해발 3454m에 있는 유럽의 지붕Top of Europe, 융프라우요흐다!

유럽의 지붕 융프라우요흐에서

　　역과 쉼터를 연결하는 터널을 지나자 은세계인지 별세계인지 지금까지 보았던 풍경과는 전혀 다른 광경이 몸과 마음을 바쁘게 만들었다. 카페와 레스토랑 그리고 우체국과 기념품센터가 모여 있는 쉼터에서는 알프스의 여러 빙하군 중 가장 길고 큰 규모를 자랑하는 「알레치 빙하군」을 비롯하여 인근에 펼쳐진 베르너 오버란트의 봉우리들이 한눈에 들어온다. 조금이라도 자세히 보기 위하여 유리벽에 이마를 바짝 붙이고 한 번 보고 또 보고, 서너 차례의 반복을 마치고서야 「스핑크스 전망대」로 향하는 엘리베이터에 오를 수 있었다. 봄을 시샘이라도 하듯 융프라우의 바람은 매섭고 거칠었다. 난간을 따라 만들어진 전망대에서는 융프라우 봉을 비롯하여 끝없이 펼쳐진 빙하 군이 훨씬 선명하게 보였다. 설원을 무대로 한껏 솜씨를 자랑하는 스키어들도 눈에 띈다.

　　융프라우요흐에서 얼음 터널인 「아이스 팰리스」를 지나면 또 다른 전망대인 「플라토」를 만나게 된다. 사진 촬영을 위하여 십여 차례 이상 이곳에 올라온 경험이 있는 나는 스핑크스 전망대보다는 플라토를 선호한다. 전망은 스핑크스보다 조금 못하지만 바로 설원 위를 걸을 수도 있어 다양한 각도에서 사진을 촬영할 수 있기 때문이다. 일정한 대금만 지불하면 스키와 등산도 즐길 수 있다.

약 7천만 년 전에 형성되기 시작한 알프스 조산대는 길이 1200km에 폭이 100~200km에 이르는 거대한 산맥을 형성하고 있지만 세계유산으로 선정된 곳은 융프라우 지역뿐이다. 아프리카 대륙과 유럽 대륙이 충돌하면서 형성되기 시작한 알프스 산맥은 미세하지만 아직까지도 지속적으로 융기 현상이 진행되고 있다. 알프스의 자연풍광은 어느 곳이나 멋지고 화려한 분위기를 연출하고 있으며 저마다 독특한 특징을 간직하고 있다. 빙하가 선사하는 아름다움 역시 빼놓을 수 없다. 지금까지 확인된 빙하만도 1200개에 달하는 알프스 빙하 지역 가운데 가장 큰 빙하로 알려진 「알레치 빙하」는 길이가 22km, 폭이 2~5km에 이른다. 융프라우를 중심으로 인근에 흩어져 있는 빙하들은 산악 빙하로 분류된다. 남극이나 북극의 빙하가 낮은 지역에 형성되어 있는 것과는 달리 융프라우와 알프스의 빙하는 빙설이 형성된 지점이 높은 곳에 자리하고 있는 것이 특징이다.

에델바이스와 알펜로제 가득한 알프스를 걸으며

융프라우요흐에서 하산하는 방법도 두 가지가 있다. 하나는 걸어서 하산하는 것이고 다른 하나는 등산열차를 이용하는 방법이다. 등산열차를 이용하는 경우라면 올라올 때와 반대 방향으로 자리를 잡는 것이 좋다. 이유는 간단하다. 올라오면서 못 보았던 풍광을 감상해야 하니까. 하지만 개인적으로는 크라이네 샤이데크까지 등산열차를 이용하여 하산한 다음, 걸어서 라우텐부르넨까지 이동할 것을 강력히 추천한다. 누구나 편안한 마음으로 알프스의 아름다운 자연과 그림처럼 예쁜 마을을 직접 느낄 수 있는 최적의 코스이기 때문이다. 알프스를 상징하는 야생화인 에델바이스와 철쭉과 흡사한 「알프스의 장미」 알펜로제, 조금 멀리서 바라보면 풀인지 꽃인지 구분이 안 되는 엔치안 등 수많은 야생화를 바로 가까이서 볼 수 있다. 초여름에 해당되는 6월 초부터 8월초 사이에는 어느 곳을 가도 다양한 야생화를 볼 수 있다. 도중에 만나게 되는 아담한 마을 「빙겐」에 들러 전통 주택인 「샬레」를 구경하면서 알프스를 만끽하는 것도 잊어서는 안 된다.

오랜 세월 동안 융프라우를 바라보고 있는 고목과 그린델발트 지역에 자리 잡고 있는 샬레.

    융프라우 지역에 있는 작은 마을은 수십 곳이나 된다. 하지만 라우텐브루넨 계곡에 아슬아슬하게 매달려 있는 「뮈렌」만큼 옛 모습을 잘 보존하고 있는 곳도 드물다. 깨끗한 환경보존을 위하여 가솔린이나 디젤을 연료로 사용하는 자동차 통행이 금지되어 있어서 마을에서 운행되고 있는 모든 자동차는 전기 자동차이다.

    400여 명의 뮈렌 주민들은 얼마 전 까지만 해도 대부분 소에서 생산되는 우유를 이용하여 치즈를 만들거나 허브류를 재배하며 생계를 유지했다. 그런데 마을 위쪽에 위치한 「실트 호른」이 007시리즈 영화의 배경지로 등장하면서부터 관광지로 알려지게 되었다. 전망이 뛰어난 언덕과 아찔할 정도로 스릴을 느낄 수 있는 지역에

는 호텔과 레스토랑이 몇 개 들어서 있지만 마을은 아직도 옛날 모습을 그대로 간직하고 있어서 스위스 시골의 분위기를 맛보기에는 제격이다.

여행정보
JUNGFRAU

1 인천 ⋯→ 취리히 직항 12시간
2 취리히 ⋯→ 인터라켄 기차(또는 렌터카)로 3시간
3 인터라켄 ⋯→ 융프라우요흐 기차로 2시간 40분

● **찾아가는 길** _ 인천에서 융프라우 지역까지 가는 방법은 여러 코스가 있지만 가장 빠르고 편리한 방법은 스위스 취리히까지 운행하는 대한항공 직항 편을 이용한 다음 취리히 공항에서 기차와 렌터카를 이용하여 인터라켄 혹은 그린델발트까지 이동하는 방법이다. 항공기 소요시간은 12시간이며, 취리히 공항에서 기차와 렌터카를 이용하여 인터라켄과 그린델발트까지는 각각 3시간과 3시간 30분이 소요된다. 인터라켄과 그린델발트에서는 등산열차를 이용하여 융프라우 정상 바로 아래에 자리 잡고 있는 융프라우요흐까지 갈 수 있다. 소요시간은 편도 2시간 40분. 등산열차표는 개시일로부터 한 달 동안 유효하기 때문에 중간에 내려 원하는 장소를 관람하거나 며칠씩 머물다 이동하는 것도 가능하다.

● **숙박** _ 융프라우 정상 주변에는 숙박시설이 없다. 거점에 해당하는 인터라켄과 그린델발트를 비롯한 주변 마을과 도시에는 고급 호텔부터 유스호스텔까지 두루 갖추어져 있어 선택의 폭이 넓다.

● **주변 볼거리** _ 가장 눈에 띄는 곳이 스위스 산촌 문화를 재현해 놓은 발렌베르크 야외 박물관이다. 발렌베르크 야외 박물관은 각 주를 대표하는 전통가옥과 주민들의 삶을 엿볼 수 있는 스위스 최고의 농촌 문화공간이다.

● **여행하기 가장 좋은 때** _ 융프라우 지역 여행은 5~8월 사이가 가장 좋다. 겨울 레포츠를 즐기려면 겨울에 찾아가는 것도 나쁘지 않다.

● **우편 정보** _ 융프라우에는 지상에서 가장 높은 곳에 자리한 우체국이 있다. 엽서와 편지는 물론이고 선물 발송 등 모든 우편업무를 취급하고 있다.

● **통용화폐** _ 스위스 프랑을 사용하며 출발 전 환전은 필수다. 신용카드 사용도 편리하다.

● **비자** _ 스위스는 무비자로 3개월 동안 둘러볼 수 있다.

융프라우에 서면 언제나 나는
호기심 많던 초보 배낭여행객으로 돌아간다.
만 년이 흘러도 변치 않을 내 마음 속 청춘은 지금도
융프라우 꼭대기에서 반짝이고 있을 것이다.

postcard from **BRAZIL & ARGENTINA**

모험가의 심장을 뛰게 하는 장엄한 소리
이과수 폭포

브라질 지역의 이과수폭포. 거대한 물줄기를 보는 순간 가슴은 묘한 흥분으로 요동친다.

from Iguazu Falls

이곳은 지상 최대 규모를 자랑하는 이과수폭포입니다.
자연을 사랑하고 모험을 즐기는 이들이 즐겨 찾는 곳이라고 하지요.
그러니 여기서 당신을 떠올리는 것은 지극히 당연한 일.
모쪼록 이번 사파리 여행도 즐거운 모험이 가득하길 바랍니다.
케이프타운에 이 엽서가 닿을 즈음이면 아마 나는 우리 집 소파에서
가족들과 이번 여행 이야기를 하고 있을 겁니다.
그 달콤한 시간을 위해 우리는 늘 떠나는 게 아닐까요?

-자연을 사랑하는 모험가 이수영 님께.

030

신이 만든 거대한 작품, 이과수폭포

브라질과 아르헨티나 사이를 흐르는 「이과수폭포 Iguazu Falls」는 신의 위대한 창조력이 유감없이 발휘된 거대한 작품 중 하나다. 지상에는 헤아릴 수조차 없을 정도로 많은 폭포가 있으나 이과수폭포만큼 웅장하고 장엄한 모습을 보여주는 폭포는 없다. 원주민인 파라나 인디오의 언어로 「거대한 물」을 뜻하는 이과수폭포는 우리 인류가 보존해야 할 보물 중의 보물이다.

이과수폭포가 세상에 알려진 것은 1897년. 브라질 군軍에서 근무하던 「에드문두 데 비루스」 장교가 미국의 옐로스톤 국립공원을 둘러보고 너무 감명을 받은 나머지 그에 필적할 만한 국립공원을 조성할 목적으로 길을 닦고 주변을 정리하면서 세상에 모습을 드러냈다.

크고 작은 폭포만도 275개에 이르며 물이 떨어지는 전체 폭이 4km에 이르는 이과수폭포는 지상에 존재하는 폭포 중 가장 크다. 폭포의 높이가 자그마치 60~82m나 되어 우기雨期에는 초당 13000톤이나 되는 물을 계속 흘려보낸다.

이과수폭포는 크게 브라질과 아르헨티나 측 폭포로 분류되어 있다. 전체적인 분위기와 정글을 탐험해 보려면 브라질 쪽이 좋고, 배를 타고 숲과 작은 섬 그리고 자연 생태계를 감상하려면 아르헨티나 측이 매력적이다.

이과수폭포 국립공원의 브라질 측 관문에 해당되는 「포스두이과수」에서 자동차를 타고 30여 분쯤 달리면 국립공원 관리소를 만날 수 있다. 자동차로 갈 수 있는 종착지인 「다스카타라」 지역에 이르면 아프리카의 빅토리아폭포와 미주의 나이아가라폭포에서처럼 굉음이 귀를 자극한다. 숲 때문에 잘 보이지는 않지만 주변에는 분명 상당한 규모의 폭포가 끊임없이 물을 떨어트리고 있음을 짐작할 수 있다. 인도와 연결된 계단으로 올라가면 멀리 폭포들이 눈에 들어온다. 나이아가라폭포보다도, 빅토리아폭포보다도 웅장하다. 엄청나다는 말 외에는 특별히 사용할 만한 단어가 없다.

폭포를 향해 조금씩 다가갈수록 가슴은 흥분으로 요동친다. 아무리 마음을 진정시키려고 노력해도 소용이 없다. 얼마 동안 정신없이 주변을 두리번거리다 보니 서너 명씩 그룹을 지어 폭포 쪽으로 이동하는 사람들이 보이기 시작한다. 일명 「무

수십 개의 물줄기가 이어진 웅장한 이과수폭포.

지개다리」라고 불리는 지그재그 형 다리를 따라 이동하면 거대한 폭포에 접근할 수 있다. 폭포 앞에 서면 엄청난 굉음에 누구나 압도당하게 된다. 한편 다리를 벗어나 전망대에 오르면 다리에서 보았던 것과는 전혀 다른 폭포의 풍경이 눈에 들어온다. 다리에서만큼의 스릴은 느껴지지 않지만.

계단과 전망대, 무지개다리에서 폭포의 외관을 감상했다면 이번에는 보트를 타고 폭포 아래와 주변에 흩어져 있는 동굴을 찾아가보자. 이것은 폭포의 진면목을 몸소 체험하는 코스라 할 수 있다. 빠른 속도로 물살을 가르며 질주하는 고속 보트에서 바라본 이과수폭포는 전망대와 다리에서 보았던 모습과는 또 확연히 다르다. 위에서 보았던 것보다 훨씬 다이내믹하다. 약 2시간에 걸쳐 운행하는 관광용 보트를 타고 주변을 샅샅이 둘러보는 것은 불가능하지만, 위쪽에서 볼 수 없는 모습을 보트에서는 많이 발견할 수 있다. 그 중 하나가 폭포 아래쪽은 모두 현무암층으로 이루어져 있으며 그 모양과 높이가 저마다 다르다는 사실. 그런데 아쉽게도 준비해 간 카메라 두 개가 모두 물에 젖어 작동이 되지 않는 바람에 몇 장을 제외하고는 이곳 사진을 모두 망쳐버렸다.

브라질 측 이과수폭포의 매력 중 빼놓을 수 없는 것이 정글 탐험이다. 전문가이드의 안내에 따라 움직이는 정글 투어의 경우 지프를 타고 둘러보는 것이 원칙이지만 위험하지 않은 곳에서는 차에서 내려 주변을 걷는 것도 가능하다. 하지만 나를 비롯한 모든 방문객들은 어느 한 사람도 걷기를 원하지 않고 꼼짝 않고 지프에 올라 있었다. 투어를 담당한 가이드가 생소한 열대식물과 야생동물들의 이름을 줄줄이 말하고 있을 때, 자동차가 달리는 도로 위 나무 사이로 커다란 뱀이 지나가고 있었기 때문이다! 정글 한 가운데에 들어왔다는 사실을 새삼 체험하는 순간이었다.

독특하게 생긴 야생동물과 나무를 보면서 주변을 살펴보는 정글 투어를 마치고 국립공원 사무소에 이르자, 이번에는 너구리와 비슷하게 생긴 놈이 나타나 주변을 두리번거리며 먹을 것을 찾는다. 너무 많은 관람객을 접한 탓일까, 야생동물인데도 사람을 의식하지 않고 먹이를 열심히 찾는 모습이 마치 애완견을 보는 듯하다. 이과수폭포 지역에는 맹수류에 해당되는 재규어를 비롯하여 사슴과 사양 같은 각종 야생

동물이 서식하고 있으나 관람객들이 둘러보는 관광 코스에서는 너구리와 다람쥐 같은 작은 야생동물과 화려한 색깔을 지니고 있는 조류 정도가 간혹 눈에 보일 뿐 맹수를 보기란 매우 어렵다.

묘한 공포감이 느껴지는 악마의 숨통

아르헨티나 방향에 있는 이과수폭포를 보기 위해서는 국경을 넘어「푸에르토이과수」방향으로 이동해야 한다. 관광객들은 비자 없이 간단한 확인 절차만 받으면 국경 검문소를 통과할 수 있다. 검문소를 지나 선착장에서 배를 타고「악마의 숨통」이라 불리는 폭포 지역으로 이동하는 동안 주변은 너무 조용했다. 폭풍 전야의 적막감 같은 것이 느껴졌다. 나지막한 현무암 위에 생명의 터전을 마련한 나무와 이름 모를 잡초 사이로 10여 분 이동한 후 도착한 곳은 쇠와 시멘트를 이용하여 만든 불안한 다리였다. 안전이 걱정될 정도로 형편없는 다리를 따라 조금 걸어 전망대에 이르자 그 유명한「악마의 숨통」이 한 눈에 들어온다. 첫 대면에서 느낀 것은 신비함보다는 무서움이다. 폭포와 물방울이 만들어낸 무지개를 보면서 전율에 휩싸였다. 경이롭기도 했지만 한편으론 무엇이라고 표현할 수 없는 묘한 공포감이 느껴졌다.

아르헨티나 이과수폭포 지역의 하이라이트라고 할 수 있는 이곳은 낙차와 폭이 워낙 커 접근하기도 매우 어렵다. 사방이 낭떠러지로 이루어져 있으며 물보라가 지상에서 150m에 이르는 지점까지 올라가고 있다. 어디가 폭포이고 어느 곳이 물보라인지 구분이 안 될 정도다.「악마의 숨통」이란 별칭은, 이런 지형에 익숙하지 못했던 인디언들이 과거에 이곳에서 목숨을 많이 잃었던 것에서 유래되었다.

폭포 지역이 신비와 공포를 연출하는 장소라면, 폭포와 선착장 사이에 자리하고 있는「산 마르틴 섬」은 다양한 생태계를 엿볼 수 있는 공간이다. 거센 물결 속에서만 자라는 수중식물, 야자수와 대나무 그리고 난초에 이르기까지 매우 다양한 식물들이 서식하고 있어 학자들이 많이 찾는 장소이기도 하다. 만새기, 만디, 카스쿠도 등 이과수폭포에서만 볼 수 있는 조류가 살고 있어 최근에는 생태 다큐멘터리를

브라질의 리오데 자네이로에 위치한 코파카바나 해변을 산책하는 여행객들.

제작하는 사람들도 많이 찾는다고 한다.

    인류가 간직하고 있는 가장 거대한 폭포, 이과수. 그러나 이곳은 공중과 수로를 통하여 폭포의 깊은 곳까지 접근이 가능하기 때문에 누구나 쉽게 탐험할 수 있는 폭포이기도 하다. 폭포 관람 외에도 정글 투어 등 다양한 관광 상품이 마련되어 있어서 연중 사람들의 발길이 끊이지 않는다. 만약 당신이 대자연이 주는 신비와 공포를 동시에 느끼고 싶은 호기심 많은 모험가라면, 망설이지 말고 어서 이과수로 향하길!

여행정보
IGUAZU FALLS

1 인천 ┄ 이과수폭포 공항 로스앤젤레스 경유 상파울로 도착. 상파울로에서 국내선으로 이과수까지 모두 25시간
2 이과수 시 ┄ 폭포 자동차로 20분
* 브라질 ┄ 아르헨티나 이과수 자동차로 1시간

● **찾아가는 길** _ 인천에서 이과수폭포 국립공원까지 가려면 꽤 많은 시간이 소요된다. 우선 미국의 로스앤젤레스까지 이동한 다음 그곳에서 브라질 최대의 도시인 상파울로로 이동한 후 다시 국내선으로 이과수폭포 공항까지 이동하여야 하는데 총 비행 시간만도 25시간이나 걸린다. 이과수 시에서 폭포까지는 자동차로 20분쯤 소요되고 브라질에서 아르헨티나 지역까지는 1시간이 소요된다.

● **숙박** _ 이과수폭포 공원 안에는 국제적인 체인호텔들이 있다. 이과수 시내에도 다양한 호텔이 있어 원하는 호텔에서 투숙하는 것은 어렵지 않다.

● **주변 볼거리** _ 여러 볼거리 중 가장 흥미로운 곳은 작은 보트를 이용하여 이과수 강을 둘러보는 투어로 다양한 생태계를 눈으로 직접 확인할 수 있다.

● **여행하기 가장 좋은 때** _ 폭포를 관람하려면 건기와 우기 어느 때 방문해도 좋으나 주변의 정글이나 강까지 둘러보려면 건기에 해당하는 11~1월 사이가 좋다.

● **우편 정보** _ 이과수폭포 공원과 인근에 있는 호텔에서는 엽서와 우편서비스를 실시하고 있으며 이과수 시내에 우체국이 있어 엽서를 보내는 일은 어렵지 않다.

● **통용화폐** _ 「크루제이루」라는 화폐단위를 사용한다. 신용카드 사용은 가능하나 작은 금액은 현금을 사용하는 것이 편리하다.

● **비자** _ 브라질과 아르헨티나에 걸쳐있는 이과수폭포를 관람하려면 비자가 필요하며 사전에 비자를 취득하여 출발하는 것이 좋다. 아르헨티나 비자의 경우 국경 검문소에서 취득이 가능하다.

전율과 흥분으로 가슴을 요동치게 했던
이과수폭포를 떠나와 길 한쪽에서 잠시 숨을 고른다.
땀을 식히다 문득 올려다본 하늘이 맑고 높다.
이 하늘 아래 얼마나 많은 신의 창조물이
우리를 놀라게 하기 위해 기다리고 있을까.

postcard from **GREECE**

파란 하늘과 뭉게구름을 배경으로 멋진 자태를 자랑하고 있는 미코노스 교회.

짙고 눈부신 그대들의 신화
미코노스

from Mykonos

이른 아침 미코노스는 온통 황금색입니다. 잠시 후 태양이 움직이면
또 다른 눈부심으로 이 도시는 단장을 하겠지요. 코발트색 에게해와 하얀 풍차,
평화롭게 떠가는 조각배와 그림 같은 집들이 비현실적일 정도로 아름답습니다.
이 황홀한 풍경을 보며 희망과 꿈으로 지칠 줄 모르는 여덟 명의 얼굴을 떠올렸습니다.
그대들의 꿈, 여전히 미코노스처럼 아름답겠지요?

- 즐거운 상상 친구들에게.

미코노스 섬의 상징, 하얀 풍차

에게해에 떠 있는 하얀 진주「미코노스Mykonos」는 TV CF와 신문광고를 통하여 우리들에게도 친숙한 섬이다. 만약 이곳에 온다면 아래의 세 곳만은 반드시 방문해 볼 것을 권하고 싶다. 주민들의 삶의 터전이자 섬의 상징인 풍차가 위치하고 있는 미코노스 타운과 남녀노소를 불문하고 말초신경을 자극하는 비치, 그리고 에게해 문명을 대변하는 델로스 유적지가 바로 그곳이다.

바다와 마을이 만나는 지점에 우뚝 솟아 있는 하얀 풍차, 거미줄처럼 얽힌 예쁜 골목, 현란한 액세서리로 가득 차 있는 상점, 하얀 주택 등「미코노스 타운」에서 접하게 되는 풍경은 방문객으로 하여금 끊임없이 경탄을 자아내게 만든다. 에게해의 전경을 둘러보려면 고급 별장들이 늘어선 산만큼 좋은 곳도 없다. 코발트색 바다와 하얀 색으로 단장된 집, 풍차 사이로 얼굴을 내밀고 있는 조각배… 미코노스의 풍경은 그동안 봐왔던 그리스 홍보용 포스터와 정말 꼭 같다. 현실인지 포스터 속인지 혼동이 될 정도다.

미코노스는 수시로 옷을 갈아입는다. 이른 아침이면 여명이 발산하는 황금색 옷으로 갈아입고, 태양이 중천에 떠 있는 낮 시간에는 눈이 부시도록 하얀 옷으로, 태양이 바다 너머로 모습을 감추기 시작할 무렵이면 빛깔 고운 연보라색 옷으로 단장한다. 미코노스의 전체적인 풍광을 감상하려면 낮 시간대가 좋다. 낭만적인 분위기를 만끽하려면 집과 풍차가 온통 붉은 색으로 물든 저녁 무렵에 둘러보는 것이 최고다. 사랑하는 사람과 함께 한 경우라면 반드시 저녁시간에 언덕에 오르기를 권한다. 그래야 환상적인 분위기에서 자신들만의 멋진 추억을 담아갈 수 있기 때문에.

가파른 언덕길을 내려와 마을로 발을 옮겨 놓는 순간부터는 정신을 바짝 차려야 한다. 여러 차례 이 곳을 방문한 나도 올 때마다 한두 번은 길을 잃고 헤맬 정도로 이곳은 길이 복잡하기 때문이다. 게다가 골목을 따라 이어지는 예쁜 상점과 세련된 갤러리, 향기 진한 그리스 커피를 사이에 두고 정겹게 담소를 나누는 연인, 꽃으로 장식된 가정집 창문에 이르기까지 시선에 잡히는 모든 것이 놓치고 싶지 않을 정도로 아름답다. 바닷가를 걷다보면 펠리컨과 만나게 되고 푸르다 못해 검게 느껴지

풍차와 하얀 집, 그리고 푸른 에게해가 멋진 조화를 이룬 미코노스 풍경

정교회 앞에서 낮잠을 자고 있는 펠리컨.

는 하늘에는 갈매기가 비행하고 있다. 이러니 긴장하지 않으면 예정된 시간 안에 이곳을 빠져나가기가 힘들다.

정겨운 골목길을 벗어나면 에게해를 내려다보고 있는 풍차들을 만날 수 있다. 미코노스 섬의 상징이라 할 수 있는 풍차는 과거에 밀과 곡식을 제분하기 위하여 세워놓은 건축물이다. 이 고장에서 쉽게 구할 수 있는 돌과 석회를 혼합하여 골격을 세우고 지붕은 짚으로 이었으며, 바람을 받아들이는 돛은 천을 사용하여 만들어 놓았다. 미코노스의 풍차는 네덜란드와 스페인의 풍차와는 비교조차 할 수 없을 정도로 아름답다. 아니 단언하건대, 내가 지금까지 둘러본 110여 나라의 어떤 풍차보다 아름답다.

젊은 남녀라면 놓치고 싶지 않을 비치

매력적인 비치의 대부분은 한적한 외곽에 자리하고 있다. 미코노스 타운에서 자동차를 타고 조금 이동하면 코발트색의 에게해에 터를 잡고 있는 다양한 비치들이 보인다. 남녀가 함께 일광욕을 즐기며 한적한 휴식을 취할 수 있는 파라가 비치, 게이의 천국인 수퍼 파라다이스 비치, 드넓은 백사장으로 유명한 아그라리 비치 등 어느 비치를 방문해도 결코 후회하지 않을 정도로 모두 멋지지만 개인적으로 가장 선호하는 곳은 「파라다이스 비치」다.

파라다이스 비치가 많은 방문객들을 불러 모으는 까닭에는 맑고 투명한 물과 하얀 백사장, 눈부시도록 아름다운 주변 풍광도 무시할 수 없지만 진짜 이유는 이곳이 누드 비치이기 때문이다. 실오라기 하나도 걸치지 않고 일광욕과 수영을 즐기는 사람들, 남의 눈을 의식하지 않고 알몸으로 사랑을 확인하는 남녀, 누드로 백사장을 활보하는 족히 60세는 되어 보이는 할머니와 할아버지들. 1988년 여름에 처음 파라다이스 비치를 찾았던 때는 이러한 풍경들이 너무 충격적으로 다가왔기 때문에, 나는 가깝게 접근조차 못하고 건너편 바위 위에서 겨우 사진 몇 장을 담아 왔었다. 그 후 여러 차례 방문하면서부터 자연스럽게 아름다운 누드를 사진기에 담아올 수 있었지만 처음 파라다이스 비치를 방문해서 받은 충격은 지금까지도 잊을 수 없다. 아무리 의식하지 않으려고 노력해도 멋진 남녀의 은밀한 부분으로 어찌나 시선이 돌아가던지!

태양의 신 아폴론의 섬, 델로스

미코노스 항구에서 유람선을 타고 50분쯤 이동하면 「델로스Delos」라는 아담한 섬에 이른다. 오래 전부터 거주하던 주민을 제외하고는 누구도 체류할 수 없는 델로스는 비록 작은 섬에 불과하지만 문화적 가치는 어떤 지역보다 높다. 그리스어로 「빛나다」라는 뜻을 간직한 델로스는 신화와 종교, 정치, 그리고 무역의 중심지였다.

그리스 신화에 보면, 제우스의 아이를 임신한 레토는 헤라의 질투로 출산할 곳을 찾지 못하다가 결국 이곳 델로스로 도망쳐와 태양의 신 아폴론을 낳았다고 한다. 물론 아폴론만 델로스에서 태어난 것은 아니다. 아폴론의 여동생이자 달의 여신인 아르테미스도 이곳에서 태어났다. 하지만 사람들은 이곳이 아폴론의 터전임을 훨씬 강조하고 있다. 아폴론이 태어난 장소임을 증명이라도 하듯 섬에는 아폴론 신전과 조형물 등 그의 흔적들이 많이 남아 있다.

한편 델로스 박물관 인근에는 「헤르메스의 집」이 있다. 그곳에서는 헤르메스의 아름다운 조형물이 발견되기도 했다. 델로스는 비록 크지 않은 섬이지만 이곳에는 엄청나게 많은 유물들이 산재되어 있다. 아폴론 신전을 중심으로 「클레오파트라의 집」과 「헤라 신전」 그리고 레슬링 경기장 등이 조성되어 있는 점도 흥미롭다. 아폴론의 섬 델로스는 최근 신화의 무대이자 주요 문명의 발상지로 새롭게 부각되면서 매일 수많은 방문객들을 맞고 있다.

미코노스에는 위에서 언급한 장소 외에도 매력적인 장소가 즐비하다. 바다를 배경삼아 자리하고 있는 낭만적인 카페, 한적한 휴식을 취할 수 있는 그림 같은 숙소, 그리고 다양한 전통식당 등. 그 중에서 내가 즐겨 찾는 곳은 「타베르나」라는 전통식당이다. 내가 타베르나를 좋아하는 까닭은 이곳에서는 향기 진한 커피를 사이

나지막한 언덕을 따라 자리하고 있는 미코노스 섬은 에게해 문명의 발상지 가운데 한 곳이다

에 두고 격식 없이 편안하고 자유롭게 음식을 즐기며 누구나 친구처럼 어울릴 수 있기 때문이다. 의사소통은 손과 표정으로 하면 된다. 올리브기름에 튀긴 「칼라말리아」와 「생선 수블라키」도 맛이 기가 막힌다.

    신화의 본고장이자 서구 문명의 뿌리에 해당되는 에게해에 떠 있는 섬들은 저마다 독특한 자랑거리를 간직하고 있다. 하지만 하얀 풍차로 상징되는 에게해의 진주 미코노스는 에게해에 떠 있는 수많은 섬 가운데 가장 아름답고 환상적인 섬이라고 나는 확신한다. 그리고 귀띔 한 가지 더. 만약 에게해 여행을 계획하고 있다면 개인적으로는 비행기보다 유람선을 추천하고 싶다. 나는 이제까지 에게해를 여섯 차레 다녀왔는데, 다시 에게해에 방문한다고 해도 편안하고 빠른 항공 여행을 포기하고 조금은 지루한 유람선 여행을 선택할 것이다. 에게해 여행은 단순히 아름답고 멋진 풍광을 감상하는 것 이상의 의미를 내포하고 있다. 그 바다 위에 떠있으면 이유를 알 수 있다.

여행정보
MYKONOS

1 인천 ···› 아테네 이스탄불이나 유럽의 주요 도시와 일본, 동남아 경유 12~16시간

2 아테네 ···› 미코노스 항공으로 40분, 선편은 아테네 외항인 피레우스에서 4~5시간 소요

● **찾아가는 길** _ 인천에서 미코노스까지 가려면 우선 아테네까지 이동하여야 하는데 아테네까지는 직항 편이 없어 터키 이스탄불이나 유럽의 주요 도시, 일본, 동남아를 경유하여야 한다. 요금과 시간 활용 측면에서 본다면 아시아나 항공이나 네덜란드 항공을 이용하는 것이 편리하다. 소요 시간 12~16시간. 아테네에서 미코노스까지는 항공편과 선편이 있는데 항공으로는 40분, 선편은 아테네 외항인 피레우스에서 4~5시간 30분이 소요된다.

● **숙박** _ 고급 호텔부터 저렴한 민박집까지 200여 곳에 이르는 숙박시설이 갖추어져 있으나 성수기에 해당하는 6월말부터 8월말까지는 숙소를 구하기가 결코 쉽지 않다. 숙박요금도 성수기와 비수기는 곱절이나 차이가 난다.

● **주변 볼거리** _ 미코노스 주변에서 가장 돋보이는 장소는 섬 전체가 인류문화유산으로 지정된 델로스 섬이다. 미코노스에서 작은 유람선을 타고 1시간이면 갈 수 있는 델로스는 크레타 크노소스 궁전과 더불어 그리스의 대표적인 문명을 엿볼 수 있는 장소다.

● **여행하기 가장 좋은 때** _ 여행을 하기에는 꽃이 피는 4~5월이 가장 좋고, 수영을 하거나 다양한 수상 레저를 즐기려면 6~8월이 적합하다.

● **통용화폐** _ 유로를 사용하고 있으며 신용카드 사용도 별문제가 없다.

● **비자** _ 그리스는 무비자로 3개월 동안 여행이 가능하다.

바다 위에서 그대들을 떠올리다.
에게해보다 더 짙고 미코노스보다 더 눈부신 젊은 심장을.
희망과 꿈의 배를 타고 힘차게 노 저어 가길.
해와 달의 신은 이곳에서 첫 울음을 터뜨렸지만
내일의 신화가 태어날 곳은 저 너머 당신들이 있는 곳.

postcard from **TURKEY**

불가능을 극복한 위대한 사람들
카파도키아

기암괴석으로 이루어진 카파도키아의 멋진 경관.

from Cappadocia

인간이 만들었다는 게 믿기지 않는 거대한 지하도시들,
천 년이 훨씬 지난 지금까지도 원래의 모습을
고스란히 간직하고 있는 프레스코 벽화,
그리고 신비롭고 독특한 동굴주택.
카파도키아에는 불가능할 것이라고 생각되었던 것들을
극복하고 그 위에 터전을 마련한 위대한 사람들이
살아가고 있습니다. 그들은 편안하고 정겹기도 합니다.
저는 이런 카파도키아가 참 좋습니다.

- 친구처럼 편안한 이승환 차장님께.

인류 문화의
보물창고

아시아와 유럽에 걸쳐있는 터키를 흔히 「인류 문화의 보물창고」라고 한다. 메소포타미아 문명을 필두로 비잔틴과 오스만투르크 등 인류 역사를 이끌어 나갔던 수많은 흔적들이 온 국토에 산재되어 있는 나라, 터키. 또한 터키는 기독교 유적지를 대표하는 7곳의 초대 교회를 보유하고 있으며, 수많은 순교자가 이곳에서 태어나고 활동했던 땅이기도 하다. 그래서 터키에는 인류 문명을 대표하는 문화유산과 기독교의 흔적이 가득하다. 그 중에서도 가장 신비로운 곳은 동굴도시와 교회, 그리고 기암괴석으로 이루어진 「카파도키아Cappadocia」이다.

카파도키아 지역에는 수천 개의 기암괴석이 집중되어 있다. 원추형 모양도 보이고 버섯을 연상시키는 희귀한 바위도 보인다. 어떤 것은 커다란 산만큼이나 크다. 그나마 작은 것도 족히 4~5m에 이른다. 마치 쥐라기 시대에라도 온 듯한 풍경이다. 멀리서 보면 모두 비슷해 보이는 모습이지만 조금만 가까이 가서 살펴보면 다른 점들을 쉽게 발견할 수 있다.

우선 가장 뚜렷하게 구분되는 것이 바위의 모양과 크기, 그리고 바위를 형성하고 있는 지층이다. 바위의 모양은 대부분 원추형을 띠고 있으나 간혹 송이버섯이나 도토리 모양을 한 것도 보인다. 최첨단 미사일 같은 모양도 있다. 모양새만큼이나 크기도 천차만별이다. 2~3m부터 수십 m에 이르는 등 다양하다. 기암괴석을 구성하고 있는 지층도 여러 모양이다. 어떤 곳은 사암에 가까울 정도로 부드럽고, 어떤 곳은 마치 차돌처럼 단단하다. 용암 상태로 보존되어 있는 곳도 보인다.

지층이 뚜렷하게 구분되어 있는 만큼 위치에 따라 엿볼 수 있는 풍경도 사뭇 다

독특한 기암괴석으로 이루어진 카파도키아 풍경

종교박해를 피해 모여든 기독교인들이 만든 동굴교회 유적지.

르다. 「괴레메」와 「우치사르」계곡 사이에 형성된 바위들은 송곳처럼 날카로운 모양의 바위 군이 다수를 이루고 있으며, 「젤베」계곡 지역에는 엄청나게 커다란 바위와 버섯 모양의 희귀한 기암괴석이 많다. 워낙 독특한 피사체가 많은 곳이라 괴레메와 젤베 계곡을 찾을 때면 나는 늘 필요 이상으로 필름을 쓰게 된다. 그래서 요즘은 이 지역을 찾을 때면 일정한 수량의 필름을 제외하고는 모두 숙소에 두고 다니곤 한다.

동굴 속 거대한 지하도시

신비롭고 독특한 카파도키아 풍광을 관람하다보면 재미있는 사실을 자주 접하게 된다. 그 중 하나가 척박한 땅인데도 불구하고 포도, 사과나무 같은 유실수와 밀 등 다양한 곡식이 재배되고 있다는 사실. 화산으로 형성된 지역에 농작물과 과일 재배가 잘 되고 있는 것이 도무지 이해가 되지 않았다. 그래서 관광 안내를 담당하는 가이드에게 물어보았는데, 그의 대답인 즉 "동물들의 배설물을 이용하여 땅을 비옥하게 만들었다"고 한다.

카파도키아 지역에 있는 기암괴석들은 겉보기에는 평범한 바위처럼 보이지만, 사실 단순한 바위가 아니라 저마다 특별한 용도로 사용되고 있는 바위들이다. 어떤 바위에서는 주민들이 생활하고 있으며 또 다른 바위에는 상상을 초월할 정도로 아름다운 프레스코 벽화가 장식되어 있다. 커다란 바위는 아예 성이나 궁전으로 사용하기도 했다. 카파도키아의 기암괴석이 이런 독특한 용도로 이용된 데에는 크게 두 가지 이유가 있다. 하나는 척박한 자연환경을 극복하기 위하여 바위와 산에 동굴 집을 만들어 생활했기 때문이고, 다른 하나는 종교적 탄압을 피해 모여든 기독교인들이 이곳에서 은둔생활을 해야 했기 때문이다.

그래서 자연유산과 문화유산이 절묘하게 만나는 장소가 많은데 그 중 대표적인 곳으로 지하도시와 기암괴석에 만들어 놓은 교회를 들 수 있

마치 인공적인 구조물처럼 느껴지는 카파도키아의 기암괴석.

다. 카파도키아의 지하도시는 흔히 생각하는 동굴도시의 이미지보다는 TV에서 본 개미집의 이미지와 더 비슷할지도 모르겠다. 이 지하도시는 종교적 탄압으로 인하여 도피생활을 했던 기독교인들이 만든 공간이다. 동굴에는 3~5만 명이 생활할 수 있는 시설과 교회 등이 있다. 오래 전에 발견된 지하도시 가운데는 아직도 개발을 하지 못한 곳도 여러 군데 있다. 괴레메 지역에도 커다란 바위 안에 작은 주거 공간과 더불어 기독교인들이 모여 예배를 올렸던 교회 등이 자리하고 있는데, 그 안에 그려진 프레스코 벽화들은 너무도 아름답고 섬세하여 보는 이로 하여금 탄성을 자아내게 만든다.

도자기와 카펫의 마을, 아바노스

기원전부터 질그릇을 만들고 카펫을 짰던 「아바노스」 역시 매우 흥미로운 마을이다. 「아바노스」란 푯말이 붙여진 마을로 접어들면 어디서나 볼 수 있는 것이 도자기다. 좁은 골목에서 도자기에 그림을 그려 넣고 있는 아저씨, 상점인지 공방인지 구분이 안 될 정도로 묘하게 생긴 가게, 신작로를 작업장 삼아 서너 명씩 모여 완성된 도자기를 포장하는 모습 등 아바노스는 도자기를 빼놓고서는 이야기를 할 수 없는 곳이다.

1000여 호가 모여 사는 아바노스의 주민 중 절반 정도가 도자기와 연관을 맺고 있다. 도자기와 관련하여 종사하는 주민이 많은 만큼 경제적인

온통 벽화로 장식되어 있는 카파도키아의 동굴교회.

당나귀가 끄는 마차를 타고 이동하는 아낙과 아이

풍요도 주변의 여타 마을과 비교할 수 없을 정도로 앞서 있다. 아바노스에는 괴뢰메 같은 유명 관광지에도 없는 은행이 두 곳이나 있다는 사실 하나만 보아도 그 규모가 어느 정도인지 짐작해 볼 수 있다.

도자기 공방 사이를 지나다 보면 뭔가 규칙적인 소리가 들린다. 바로 카펫 짜는 소리다. 골목을 헤집고 찾아낸 카펫 공방은 겉모습과 다르게 꽤 넓었다. 6~7명씩 앉아 카펫을 짜는 모습이 공장 같기도 하고, 가내 수공업을 하는 가정집 같기도 한데 아바노스에는 이런 공방이 10여 개나 있다. 갓 중학교를 졸업했을 법한 어린 청소년부터 중년의 여성과 족히 70세는 넘어 보이는 할머니에 이르기까지 여럿이 함께 모여 카펫을 짜고 있는데 손놀림이 무척이나 능숙하다.

아바노스에서 생산되는 카펫은 품질이 뛰어나 가격이 매우 비싸다. 세계적인 고급 카펫을 취급하는 독일이나 영국에서도 아바노스의 카펫은 최고급으로 취급되고 있을 정도다. 이곳의 카펫이 세계적인 명성을 얻을 수 있었던 것은 좋은 재료를 이용하여 독특한 무늬로 제작하기 때문이기도 하지만 가장 큰 이유는 모든 카펫을 사람의 손으로 한 올 한 올 짜기 때문이다.

저마다 독특한 모양새를 간직한 기암괴석과 동굴을 뚫어 만들어 놓은 거대한 지하도시, 그리고 그 속에 터를 잡고 있는 교회 등 카파도키아는 지구촌 어느 곳에서도 찾아볼 수 없는 아주 이색적이고 독특한 공간이다. 동굴교회에 그려진 벽화와 암각화로 당시를 살았던 기독교인들의 고난과 독실한 신앙도 살펴볼 수 있기에 수많은 순례자들이 이곳으로 모인다.

여행정보
CAPPADOCIA

MAP

1 인천 ⋯ 이스탄불 아시아나 항공이나 터키 항공의 직항 편 10시간
2 이스탄불 ⋯ 카파도키아 자동차로 11시간

● **찾아가는 길** _ 인천에서 터키의 관문인 이스탄불까지는 아시아나 항공이나 터키 항공의 직항 편을 이용하는 것이 가장 편리하다. 소요시간 10시간. 이스탄불에서 카파도키아까지는 자동차로 11시간이 소요된다.

● **숙박** _ 카파도키아 지역은 터키를 대표하는 관광 명소로 다양한 숙박시설이 있는데 그 중 가장 매력적인 숙소는 바위 속에 만들어 놓은 동굴호텔이다.

● **주변 볼거리** _ 주민들 대부분이 카펫 짜는 일에 종사하고 있는 월컵 마을에는 음료와 차를 운반할 때 줄을 이용하고 있으며 옛 성곽과 궁전 등 볼거리가 넘친다.

● **여행하기 가장 좋은 때** _ 카파도키아를 여행하기에 가장 좋은 계절은 봄에 해당하는 5~6월.

● **우편 정보** _ 작은 도시와 마을이 모여 있는 지역이지만 많은 관광객들이 찾고 있어 우편시설은 비교적 양호한 편이다. 엽서와 편지는 우체국과 고급호텔에서 보낼 수 있다.

● **통용화폐** _ 터키 리라를 사용하고 있으며 신용카드는 고급 상점에서 사용할 수 있다. 환전은 조금씩 하는 것이 좋다.

● **비자** _ 터키는 비자 없이 3개월 동안 자유롭게 둘러볼 수 있다.

인간이 살아갈 수 없을 것 같던 척박한 바위의 땅을
카파도키아인들은 독특하고 신비로운 동굴도시로 변모시켜 놓았다.
불가능을 구멍 내어 버린 위대한 혼은 천 년을 넘어 오늘까지 이어진다.
그 아름다운 생명력에 경의를!

postcard from AMERICA

헤밍웨이가 사랑한 섬
키 웨스트

그림처럼 아름다운 키 웨스트의 바닷가에서 낚시를 즐기는 주민

from Key West

시가를 입에 문 헤밍웨이의 사진을 본 적이 있네.
흑백사진이었는데, 참 멋있는 노인이라는 생각을 했지.
아마도 그가 평생 풀어내었던 이야기들은 이곳 키 웨스트에서도 많은 부분 구상되었을 것이네.
키 웨스트의 바다를 보면 알 수 있지.
대문호의 흔적을 사진에 담아 자네에게 보낼 생각을 하니 흥분을 멈출 수가 없군.
바다는 저리도 고요한데.

-정감 있는 언어로 나를 감동케 하는 정희일 님께.

섬과 섬 사이를 연결해 놓은 세븐 마일 브릿지 위에서 휴식을 취하고 있는 펠리컨.

쿠바빛 한 편의 시, 키 웨스트

카리브해의 옥빛 물결 위에 아름답게 흩어진 군도, 플로리다 키즈. 키 웨스트는 플로리다 키즈를 이루고 있는 42개의 작은 섬들 가운데 가장 최남단에 있는 섬이다. 미국 본토에서 유일하게 산호초가 서식하는 플로리다 반도를 벗어나 얼마쯤 달리다보면 멋진 다리 하나를 접하게 된다. 길이가 7마일이나 된다고 해서 이 다리를「세븐 마일 브릿지」라 부른다. 세븐 마일 브릿지에서 볼 수 있는 것은 하늘과 바다, 그리고 달리는 자동차를 구경하는 회색 펠리컨 정도가 전부이다. 하지만 많은 미국인들은 이곳을 환상의 드라이브 코스로 꼽는데 주저하지 않는다.

세븐 마일 브릿지를 지나 30여 분쯤 이동하면 미국 본토의 최남단임을 알리는 사인보드가 시선에 잡힌다. 이 사인보드를 통과하면 바로 미국의 땅끝마을인 키 웨스트에 이른다. 키 웨스트는 바다가 온통 붉게 물드는 일몰 풍경이 아름답기로 유명하다. 해질녘이면 사람들은 하던 일을 멈추고「멜로리 도크」를 향해 걷기 시작한다. 붉은빛 노을을 배경으로 돛을 펼친 요트가 물살을 가르며 유유히 항해하고 그 사이로 수평선이 붉게 달아오른다. 그리고 화려한 마지막 인사를 바다에 남긴 태양은 사람들 마음 한가운데로 저문다.

키 웨스트에서 쿠바까지는 80마일에 불과하다. 쿠바의 수도 아바나는 플로리다 최대의 도시 마이애미보다 훨씬 가깝다. 이런 지리적인 조건 때문에 키 웨스트는 예부터 군사적 요충지였다. 한때 쿠바 정치 망명자들의 천국이었을 정도로 이곳은 쿠바색이 강하다. 바다 사나이들에게 길잡이 역할을 수행했던「라이트 하우스」와 아름답고 환상적인 모래사장으로 명성을 얻고 있는「포트 재커리 테일러 공원」, 옛 모습을 고스란히 보존하고 있는「올드 타운」에 이르기까지 흥미로운 장소가 즐비하다. 이 중에서도 방문객들이 가장 먼저 발길을 향하는 곳은 카리브해에 인접한 올드 타운이다.

바다에 나가 고기를 잡고 인근의 섬들과 활발하게 상거래를 하던 옛 사나이들의 모습이 잘 보존되어 있는 올드 타운에 가면 마치 한 세기 전으로 되돌아 간 듯한 기분이 든다. 카리브해를 따라 멋진 호텔과 고급 상점들도 가득 모여 있다. 낡은 창고를 고쳐 만든 아바나 상점가와 바닷가에 인접한 카페들도 멋진 볼거리다.

다른 지역들과는 다르게 이곳 상점가에는 성조기와 쿠바 국기가 나란히 걸려 있다. 세월의 흔적이 깊게 밴 골동품과 쿠바산 시가 그리고 독특하고 흥미로운 제품을 판매하는 많은 상점이 모여 있어 방문객의 시선과 발걸음은 매우 바쁘다. 금세 지갑이 가벼워지는 걸 막을 도리가 없다.

바닷가에 위치한 카페와 레스토랑은 편안하게 휴식을 취하면서 여유를 만끽할 수 있는 최적의 장소다. 자메이카산 블루 마운틴의 독특하고 진한 커피 향기를 벗 삼아 책을 읽다가, 지나가는 유람선이나 고기를 잡기 위해서 바쁘게 이동하는 작은 어선들을 보고 있노라면 당장이라도 시인이 될 것 같다. 올드 타운의 풍경은 마치 한 편의 낭만적인 시와 같다.

대문호의 체취가 남아있는 헤밍웨이하우스

올드 타운 안에서 가장 유명한 곳은 「라이트 하우스」와 얼굴을 마주하고 있는 「헤밍웨이 하우스」다. 제1, 2차 세계대전과 스페인 내전에 참전했고, 네 번의 결혼 후 자살로 생을 마감했던 작가 어니스트 헤밍웨이. 그는 전쟁과 인간, 사회에 대해 깊은 허무를 느끼고 미국 최남단에 있는 이 작은 섬까지 내려왔다. 그리고 1931년부터 약 12년 동안 이곳에 머물면서 집필활동을 했다.

헤밍웨이의 응접실에는 서너 명이 모여 정담을 나눌 수 있을 작은 소파와 탁자가 있다. 「파일러」란 선박 앞에서 자신의 몸보다 더 커다란 물고기를 들고 있는 헤밍웨이의 사진도 보인다. 불멸의 명작 『노인과 바다』에 등장한 주인공의 삽화도 곁에 있다(그러나 『노인과 바다』는 키 웨스트가 아닌 쿠바에서 창작되었다). 색 바랜 사진 속에서 여전히 헤밍웨이는 카페에 앉아 친구들과 어울려 담소를 나누고 있다. 후~ 멋지게 시가 연기도 내뿜으면서.

응접실 위층에는 침실과 서재가 있다. 세련된 분위기의 욕실, 시간의 무게가 느껴지는 나무의자, 그리고 정원을 다 내려다볼 수 있는 테라스로 이루어진 침실은 헤밍웨이가 얼마나 낭만적이고 섬세한 삶을 추구했는지 알 수 있게 해 주는 공간이다. 아담한 복도를 지나면 서재다. 대문호의 서재치고는 조금 작아 보인다. 이곳에는 『노인과 바다』를 비롯하여 『무기여 잘 있거라』 등 그의 대표작과 가족사, 그리고 친구관계를 살펴볼 수 있는 사진이 전시되어 있다. 그의 문학을 사랑하는 이라면 발길을 멈추지 않을 수 없는 곳이다.

헤밍웨이의 작업실은 본관 옆에 따로 있다. 매일 아침 눈을 뜨자마자 작업실로 달려와 왕성한 창작활동을 펼쳤던 헤밍웨이는 이곳에서 『무기여 잘 있거라』, 『누구를 위하여 종은 울리나』, 『킬리만자로의 눈』 등 주옥같은 작품들을 저술하였다. 작업실에는 당시 헤밍웨이가 사용했던 진한 브라운 색의 책상과 검정 타이프, 그리고 고기를 잡으러 바다로 나갈 때 사용했던 항해 장비들이 그대로 보관되어 있다. 반세기가 훨씬 지난 지금도 방금 자리를 비운 듯 그의 체취가 남아 있다.

헤밍웨이가 사랑했던 바다를 향해 서서

헤밍웨이 하우스에서 항구 방향으로 10분쯤 이동하다보면 만날 수 있는 「카페 플로리다」는 언어의 마술사가 수시로 가서 주민들과 어울려 블랙론리를 피우며 술을 마시고 밤새 문학과 삶을 논했던 곳으로 유명한 카페다.

헤밍웨이가 사랑했던 이 거리에는 카페 플로리다 외에도 저마다 독특한 분위기를 연출하고 있는 카페와 레스토랑이 즐비하다. 이곳의 카페들은 헤밍웨이에게 노벨상을 안겨준 소설 『노인과 바다』의 밑그림이 되었다. 어떤 카페는 처음 만들어졌을 당시의 모습을 그대로 간직하고 있고 어떤 카페는 기발하고 독특한 아이디어를 이용해 새롭게 문을 열었다. 각양각색 재미있는 사연을 가진 카페들이 워낙 많아서 거리를 한 바퀴 돌며 카페 순례를 해 보는 것만으로도 키 웨스트의 문화를 살짝 이해할 수 있을 정도다.

해변으로 발걸음을 옮기면 펠리컨과 저어새를 비롯하여 이름조차 생소한 희귀 조류들이 사람들과 어울려 살아가는 모습이 보인다. 아예 간이 큰 놈들은 방문객을 구경하듯 가깝게 다가온다. 커다란 입을 벌리고 먹을 것을 달라고 매달리는 놈도 볼 수 있는데 그 풍경이 너무 평화롭고 아름답다.

　마음 내키는 대로 키 웨스트 이곳저곳을 거닐다 문득 걸음을 멈췄다. 헤밍웨이도 이즈음에 서서 바다를 바라보곤 하지 않았을까. 그의 작품에서 바다는 인간 존재의 조건을 보여주는 장소였다. 바다와의 거친 싸움 후에 노인에게 남은 것은 거대한 고기의 뼈뿐이었지만, 마지막까지 최선을 다한 노인은 자신에게 이렇게 말했다.

　"나는 졌는가. 나는 지지 않았다. 내일 또다시 바다로 나가야지."

　대문호는 이제 가고 없지만 그가 사랑한 바다는 지금도 여전히 젊은 파도로 사람들에게 미소 짓고 있다. 그의 문학이 우리 마음의 바다에서 여전히 그러하듯이.

여행정보 KEY WEST

1 인천 ⋯ 마이애미 LA나 샌프란시스코 또는 뉴욕 등을 경유 16~18시간
2 마이애미 ⋯ 키 웨스트 자동차로 4시간 30분, 항공기로 40분, 유람선으로 10시간

● **찾아가는 길** _ 키 웨스트로 가려면 인천에서 LA, 샌프란시스코, 뉴욕 등을 경유하여 일단 마이애미까지 이동해야 한다. 마이애미에서 키 웨스트로 가는 방법은 크게 세 가지 중 하나를 선택해야 한다. 마이애미에서 자동차를 이용하거나 혹은 항공기나 크루즈 유람선을 이용하는 방법이다. 자동차를 이용할 경우 US 1번 국도를 이용할 수 있다. 소요 시간은 4시간 30분. 항공기를 이용하면 40분. 유람선을 타면 10시간 정도 걸린다.

● **숙박** _ 국제적인 호텔 체인을 비롯하여 개인이 운영하는 예쁜 호텔, 그리고 자동차를 가져온 방문객들이 이용할 수 있는 캠핑장 등 다양한 숙박시설이 잘 갖추어져 있다.

● **주변 볼거리** _ 미국의 수많은 국립공원 가운데 가장 다양한 생태계를 접할 수 있는 에버글레이즈 국립공원이 있다.

● **여행하기 가장 좋은 때** _ 사계절 어느 때 방문해도 매력적이다.

● **우편 정보** _ 키 웨스트에서는 아주 편리하게 우편 시설물을 이용할 수 있다. 상점에서 엽서와 우표를 구입하여 즉석에서 작성한 다음 우편함에 넣으면 된다.

● **통용화폐** _ 미국 달러를 사용하고 있으며 어느 곳에서나 신용카드 사용이 가능하다.

● **비자** _ 미국 여행에는 반드시 비자를 받아야 한다.

커다란 캔버스 위에 물감으로 점을 찍어 놓은 듯 옹기종기 모여 있는 42개의 섬,
그 서쪽 끝자락에 자리 잡고 있다고 해서 붙여진 이름 키 웨스트.
최고급 시가인 블랙론리와 군복을 유별나게 좋아했던
대문호 어니스트 헤밍웨이의 숨결이 지금도 섬 전체에 남아 있는 곳.
키 웨스트의 바다와 자연은 헤밍웨이에게 끝없는 영감을 주었고,
헤밍웨이는 이곳을 최고의 휴양지로 만들었다.

Fjord

Milford Sound

Postcard 02

자연
그 벅찬 감동을

Victoria Falls

Canadian Rocky Mts.

postcard from **NORWAY**

빙하가 만드는 드라마틱한 다큐멘터리
피오르드

송네 피오르드 지역의 주요 기착지인 보스 호수.

from fjord

송네 피오르드를 바라보고 있습니다.
북구의 대자연을 가장 잘 표현했다는 그리그의 장엄한 음악이 들린다면
좋을 거라는 생각을 합니다. 이곳에서 자란 사람들의 감성을 질투하다가도
피오르드를 보고 있노라면 기운이 빠져버립니다. 완전한 항복이지요.
내일은 노르웨이 피오르드 가운데 가장 드라마틱하다는 리세 피오르드로 향할 예정입니다.
벌써부터 심장이 뛰는 이유, 당신도 잘 아시겠지요?

-세계를 품고 사는 여행가 지일환 님께.

세계에서 가장 길고 깊은 송네 피오르드

오슬로에서 베르겐으로 향하는 열차에서 바라본 풍경은 뭉크의 그림에서 보았던 것과는 많이 달랐다. 숲과 호수의 만남, 정겨움이 넘치는 농가, 한적하게 풀을 뜯고 있는 소와 말… 쉬지 않고 달리기를 얼마쯤, 피오르드 관람객은 기차를 바꿔 타라는 안내방송이 흘러 나왔다. 해발 867m에 위치한「미르달」역이다. 겨우 수십 가구의 목조주택이 모여 있는 작은 마을이지만 피오르드로 향하는 협궤열차로 바꿔 타려는 사람들로 미르달 역은 언제나 북적인다.

열차에 올라탄 나는 습관처럼 손님이 적은 곳을 찾아 창문의 개폐여부를 확인했다. 내가 창문의 개폐여부를 확인한 이유는 어느 때나 창문을 열고 웅장하고 아름다운 노르웨이의 자연을 사진기에 담기 위함이다. 미르달 역을 출발한지 얼마쯤 지났을까. 천천히 달리던 협궤열차는 역도 없는 난간에 갑자기 멈췄고 승객들은 모두 내리기 시작한다. 승객들이 하차한 곳은 위풍당당한 모습을 간직한「효스 폭포」앞. 높이가 93m에 이르는 효스 폭포 앞을 지나는 모든 기차는 이곳에 잠시 정차하여 승객들이 기념촬영을 마칠 때까지 휴식을 취하며 가파른 계곡을 내려갈 준비를 한다.

커다란 바위 사이 엄청난 양의 물줄기는 모두 빙하가 녹아서 떨어지는 것이다. 깨끗하다 못해 투명할 정도이고 수량에 따라 폭포의 모양이 수시로 바뀐다. 몇 해 전 왔을 때와는 달리 방문객들이 편안하게 기념촬영을 하고 휴식을 취할 수 있는 공간이 넓게 만들어져 있었다. 관람객으로서는 편리하긴 했지만 이런 시설이 폭포의 웅장함을 오히려 감소시키는 듯 느껴지기도 해서 사진을 찍는 사람으로서는 조금 아쉬웠다.

카약을 이용하여 아름다운 베르겐 항구를 지나는 모습.

모든 승객이 탑승한 것을 확인한 다음 기차는 다시 절벽 사이에 놓여있는 선로를 따라 서서히 움직이기 시작한다. 수백 미터에 이르는 낭떠러지와 터널을 지나니 바위틈에 피어있는 야생화가 한두 송이씩 보이기 시작한다. 아찔할 정도로 스릴이 느껴지는 가파른 바위, 바람이라도 불면 금방이라도 떨어져 버릴 것 같은 산 속 오두막, 눈과 얼음이 녹은 물이 산에서 바다로 곧장 떨어지는 광경은 「지상 최고의 협곡」이란 말을 사용하기에 조금도 손색이 없어 보인다. 불과 20km에 이르는 협궤철로를 내려오는데 소요된 시간은 정확히 1시간. 이것만 봐도 여기가 얼마나 험한 지형인지 짐작할 수 있다. 얼마 동안 긴장과 스릴을 맛보게 해주었던 기차는 방문객들을 「플롬」에 인계하고 유유히 사라져버린다.

플롬의 고도는 해발 0미터. 바로 이곳이 지상에서 가장 길고 깊은 「송네 피오르드Songne Fjord」의 기점이다. 역시 수십 가구 정도만 살고 있는 작은 마을이지만, 플롬에는 플레트헤임 호텔을 비롯하여 유스호스텔과 여러 레스토랑들이 꽤 있다. 불과 15년 전 만해도 이 척박한 협곡에 있는 것은 산사람들에게 휴식을 제공할 작은 숙박시설과 몇몇 주택이 전부였지만, 지금은 제법 틀을 갖춘 다양한 호텔과 레스토랑이 들어서 있다. 피오르드를 관람하기 위하여 찾아오는 방문객이 그만큼 늘어났기 때문이다. 여유를 갖고 찾은 방문객은 이곳에 숙소를 정하고 주변을 천천히 둘러본 후 피오르드로 운행하는 유람선에 오르고 시간에 쫓기는 방문객들은 기차에서 내려 훌쩍 둘러보고 서둘러 유람선에 승선하는 것이 얼마 전까지의 풍경이었다. 그러나 요사이는 기차가 자주 운행되고 있어 미리 플롬에 도착하여 주변을 둘러보거나 마을에 있는 레스토랑이나 카페에서 휴식을 취한 후 유람선에 오르는 것이 가능해졌다.

북구를 대표하는 자연, 피오르드

피오르드를 감상하는 방법은 크게 두 종류로 구분할 수 있다. 경제적으로 여유가 있는 관람객이나 현지인들은 요트나 보트를 임대하여 피오르드를 천천히 돌아보지만 일반 여행

거대한 산 아래에 자리잡고 있는 피오르드 지역의
작은 산촌으로 하나같이 그림처럼 아름답다

객들은 투어용 선편을 이용하여 피오르드를 둘러본다. 어느 방법을 선택하든 피오르드를 감상하는 데는 불편함이 없다. 갑판 위에서 바라본 송네 피오르드는 참으로 웅장하고 멋지다. 얼음이 녹아 바다로 떨어지는 풍경, 수십 미터에 이르는 폭포와 희귀한 형상을 한 바위, 장난감처럼 예쁘게 단장한 나무로 만들어진 오두막집은 늘 필요 이상으로 필름을 소모하게 만들어 버린다.

송네 피오르드는 단순한 자연이 아니다. 북구를 대표하는 일종의 자연 다큐멘터리다. 수많은 피오르드 중 가장 큰 규모를 자랑하는 송네 피오르드는 그 길이만도 1300km에 이른다. 이곳의 모든 피오르드를 감상하려면 족히 보름은 잡아야하고 비용 또한 만만치 않다. 그래서 나는 노르웨이를 대표하는 「플롬-구드방겐」 구간을 주로 찾는다.

정확히 2시간 30분 동안 관람할 수 있는 이 코스에는 수십 개에 이르는 장대한 폭포와 여러 마을이 있다. 개인 요트와 유람선을 타고 여행을 즐기는 경우 원하는 마을이나 장소에 내려 관광을 할 수도 있지만, 정기유람선을 이용한다면 원하는 곳에 내려 장시간 관람하는 것은 불가능하다. 하지만 유람선 위에서도 송네 피오르드의 대표적인 장관들을 모두 볼 수 있으니 걱정할 필요는 없다. 게다가 몇 해 전까지는 상상할 수조차 없었던(!) 한국어 안내방송이 여러 외국어와 함께 흘러나오고 있어 한결 편안하게 여행을 즐길 수 있다.

플롬-구드방겐 구간에서 가장 웅장한 광경을 볼 수 있는 장소는 구드방겐 선착장에서 약 30분 거리에 해당하는 지점이다. 이곳을 지날 때면 마치 엄청나게 커다란 터널 사이로 들어가는 듯한 착각이 든다. 사방이 수천 미터에 이르는 높은 산으로 둘러싸여 있으며 주변에는 만년설의 봉우리가 늘어서 있어 가까운 거리에서 빙하를 접할 수 있다. 또한 주변에는 여러 단계로 연결된 폭포들과 그림같이 예쁜 교회와 마을이 손에 잡힐 듯 가깝게 있다. 마치 다른 세상에 들어온 것 같다.

구드방겐Gudvangen 마을은 플롬보다도 훨씬 작지만 많은 사람들은 이곳을 중심으로 피오르드 관광을 즐긴다. 인근에 「보스」라는 편리한 도시가 있음에도 불구하고 구드방겐을 선호하는 까닭은 주변의 경치가 무척이나 아름답기 때문이다. 구드방겐은 피오르드를 보다 자세히 살펴볼 수 있는 다양한 등반 코스가 있어 산을 좋아하는 사람들이 특히 선호하는 곳이기도 하다. 십여 곳에 이르는 등반코스 중 가장 인기가 좋은 곳은 구드방겐이 한 눈에 내려다보이는 호텔 스탈하임 건너편으로 오르는 등반 코스다. 과히 환상적인 피오르드의 풍경을 접할 수 있어 개인적으로도 가장 좋아하는 코스이기도 하다.

지구촌 어느 곳에서도 보기 드문 리세 피오르드

피오르드 여행의 거점도시 「베르겐」에서 쾌속선을 타고 여러 피오르드 지역을 지나면 만나게 되는 「스타방게르Stavanger」는 동화 속에서 보았던 풍경하고 너무도 흡사해 보였다. 예쁜 목조 주택과 정감이 넘치는 골목 안 풍경이 인상적인 이곳은 노르웨이에서 세 번째로 큰 도시이다. 도시 자체만으로도 흥미로운 볼거리가 넘치지만, 이곳은 지구촌 어느 곳에서도 보기 드문 「리세 피오르드Lyse Fjord」를 감상할 수 있어서 더욱 특별하다.

「스타방게르」에서 「타우」까지 페리를 탄 후, 다시 택시를 이용하여 약 25km쯤 달리면 리세 협만에 위치한 「플레케스톨른Prekestolen」으로 오르는 입구가 나온다. 돌계단과 늪지대, 그리고 작은 호수와 등산로를 따라 약 1시간 30분 정도 가면 「펄핏 락Pulpit Rock」이라 불리는 엄청난 바위 군을 만나게 된다. 이 펄핏 락 중 가장 대표적인 것이 바로 플레케스톨른이다. 장방형의 이 거대한 바위는 수면에서 하늘을 향하여 우뚝 솟아 있는데, 그 높이가 자그마치 600m나 된다. 위쪽으로 올라갈수록 바위가 협만 쪽으로 튀어 나와 있어 그냥 눈으로 보기조차 어려울 정도로 스릴이 느껴진다. 빌딩 200층 높이에 해당되는 플레케스톨른은 「교회의 설교대」란 애칭에 걸맞게 가장 위쪽이 평평하고 넓다. 사방 50m에 이르는 이 바위는 삼면이 낭떠러지로 이루어져 있어 어느 방향에서 보아도 아찔하다.

그곳에서 만난 여러 명의 방문객 중 덴마크에서 온 잔Jan과 스위스의 체르맛에서 온 크로후Krohu 라는 아가씨는 낭떠러지에 두 발을 내려놓고 한가롭게 주변의 피

한자동맹의 주요 거점도시이자 바이킹의 도시로 알려진 베르겐 항구. 이 지역의 목조 건축물들은 인류문화유산으로 지정되어 있다.

오르드를 감상하기도 했다. 제 아무리 간이 큰 사람이라도 그 끝에 접근하기는 힘들 것 같지만, 현실은 정반대. 많은 방문객들이 이 스릴 넘치는 바위 끝에서 노르웨이의 대자연을 즐긴다. 리세 피오르드는 그 길이만도 수백 킬로미터에 이르고 주변에는 높은 산과 폭포, 그리고 호수 등이 자리하고 있어 자세히 보려면 상당한 시간이 필요하지만, 전체적인 분위기를 맛보려면 이 바위산에서 바라보는 것만으로도 충분하다.

    리세 피오르드 최고의 명소로 알려진 플레케스톨른은 바라보는 위치에 따라 그 모습이 매우 다르다. 유람선을 타고 바라본 모습과 플레케스톨른보다 높은 주변의 바위산에서 바라본 모습이 다른 것은 말할 것도 없다. 같은 장소라고 해도 각도와 태양의 위치에 따라 전혀 다른 분위기를 보여준다. 어느 방향에서 바라보아도 황홀함과 스릴을 동시에 맛볼 수 있는 자태를 지니고 있는데, 서쪽에서 바라보는 풍경이 특히 장대하다.

펄핏 락은 세계의 젊은이들이 다양한 기구를 타고 피오르드를 직접 체험하는 시발점으로도 잘 알려져 있다. 매년 여름 시즌이면 수십 개국에서 몰려 온 젊은이들이 펄핏 락에서 개인용 기구를 타고 리세 피오르드를 향해 활강하며 자신들만의 시간을 즐긴다.

여행정보 FJORD

1 인천 ⋯ 베르겐(또는 스타방게르) 유럽의 주요 도시 경유하여 14시간

2 베르겐(스타방게르) ⋯ 피오르드 자동차로 10시간, 고속 유람선 4시간 30분

● **찾아가는 길** _ 인천에서 피오르드 여행의 거점지역인 베르겐이나 스타방게르로 직접 갈 수 있는 방법은 없다. 인천에서 암스테르담까지 직항으로 운행하는 네델란드 항공을 이용하여 베르겐과 스타방게르까지 이동하는 것이 편리하다. 두 곳 모두 14시간 정도 소요된다. 두 도시 중 한 곳을 선택하여 피오르드를 관람한 후 자동차와 선박 편을 이용하여 다른 지역으로 이동할 수 있다. 가능하면 피오르드 지역을 운행하는 고속 유람선을 이용하는 방법이 좋다. 자동차를 이용할 경우 10시간이, 고속 유람선을 이용하면 4시간 30분이 걸린다.

● **주변 볼거리** _ 피오르드 지역의 최고 명소는 역시 베르겐이다. 바이킹의 도시이자 한자동맹의 주요 거점항구였던 베르겐에는 유서 깊은 목조건축물이 잘 보존되어 있으며, 항구지역은 인류문화유산 지역으로 지정되어 있다. 또한 도심의 주요 극장에서는 노르웨이의 영웅 그리그의 음악을 접할 수 있으며 도시 외곽에는 그리그가 창작활동에 몰두했던 그의 저택이 있다.

● **여행하기 가장 좋은 때** _ 본격적인 피오르드 여행 시즌에 해당되는 6~8월과 봄에 해당되는 5~6월이 가장 적합하다.

● **우편 정보** _ 노르웨이의 우편시설은 매우 편리하다. 관광 안내소에서도 엽서 같은 간단한 우편물을 취급하고 있다.

● **통용화폐** _ 노르웨이 크로네를 사용한다. 국내에서 교환이 가능하기 때문에 출발 전에 환전을 하는 것이 유리하다. 신용카드를 사용하는 데 아무런 불편이나 제약이 없다.

● **비자** _ 노르웨이는 비자 없이 3개월 동안 자유롭게 여행할 수 있다.

북구를 대표하는 드라마틱한 자연 다큐멘터리, 피오르드.
많은 방문객들은 이 스릴 넘치는 협곡에 올라 노르웨이의 대자연을 느낀다.
이 거대한 창조에 감격한다.

postcard from NEW ZEALAND

위대한 자연 앞에서 인간의 언어는 힘을 잃는다
밀포드 사운드

밀포드 사운드 지역의 호수 가운데 가장 작은 거울 호수.

from Milford Sound

밀포드 사운드를 표현하려는 인간의 언어는 부질없는 것인지도 모릅니다. 카메라로 담아내는 이곳의 청정함 또한 그럴 테지요.
아무리 생생한 장면을 찍어간들, 필름에 담긴 자연은 그림일 뿐입니다.
저와 함께 밀포드 사운드를 여행하셨던 오 선생님께서는 그 아쉬움을 잘 아시겠지요. 하지만 어리석은 욕망은 또다시 절 이곳에 세웠습니다.

- 진정한 내추럴리스트 오수현 선생님께.

만년설의 산과 청명한 하늘 그리고 테 아나우 호수가 어우러진 밀포드 사운드 풍경.

뉴질랜드, 깨끗하고
아름다운 자연의 땅

반가운 사람을 만나면 코를 맞대고 인사를 나누는 마오리족의 땅 뉴질랜드. 영국인 탐험가 제임스 쿡이 만약 이 땅을 발견하지 않았다면, 마오리족은 지금보다도 훨씬 경이로운 자연을 배경 삼아 그들만의 독특한 춤「하카」를 즐기며 더 행복하게 살고 있지 않았을까. 하지만 어쨌건 미인은 고운 살결을 이미 들켜버렸고, 여행자로서 그를 모른 척 눈감아 버리기란 쉬운 일이 아니다. 전 국토가 국립공원이라고 해도 과장이 아닐 정도로 깨끗하고 아름다운 땅 뉴질랜드는 지구촌을 순례하는 자연주의 여행자들에게 특히 매력적인 장소이다. 남섬 끝자락에 있는 청정지역「밀포드 사운드 Milford Sound」는 더욱 그러하다.

뉴질랜드는 북섬과 남섬, 이렇게 두 개의 섬으로 이루어져 있다. 북섬이 정치, 경제, 문화의 중심지라면 남섬은 관광의 중심지다. 남섬에서 가장 큰 도시인「크라이스트 처치」를 뒤로하고 약 300km를 달리면「쿡산 Mount Cook 국립공원」에 접어들게 된다. 흔히「밀포드 사운드」라 불리는 이 지역에는 4곳의 국립공원이 모여 있으며, 그 중 하나가「쿡산 국립공원」이다. 마오리 언어로는「아오랑기」라 불리는 쿡산은「눈을 경작하는 사람」이란 의미를 간직한 마오리족의 터전이다.

쿡산 국립공원의 생태계는 북반구와 다른, 매우 독특한 양상을 보인다. 그 중 대표적인 것이 바로 조류다. 뉴질랜드의 국조國鳥인 키위새를 비롯, 검은머리제비갈매기와 타카헤 등 다른 곳에서는 좀처럼 볼 수 없는 특이한 조류들이 많이 서식하고 있다. 이런 조류들은 겨울 동안에는 북섬에서 서식하다가 남반구의 봄에 해당되는 10월부터 가을인 이듬해 5월까지는 남섬의 쿡산 지역에서 서식한다. 이 희귀한 조류들이 살아가는 장소도 흥미롭다. 종류에 따라 조금씩 차이는 있으나 대부분 해발 1200m가 넘는 고지대에 집중적으로 살면서 먹이는 호수에서 해결하는 독특한 패턴을 유지하고 있다.

쿡산 국립공원은 광대한 규모답게 다양한 식물군도 형성한다. 그 중 고산지역에 피는 꽃들은 자연을 사랑하는 이들에게 특히 인기가 높다. 일명「쿡산의 백합」으로 불리는 미나리아재비 과의 예쁜 야생화와 만년설 봉우리를 배경으로 피는 뉴질

청정하고 아름다운 밀포드 사운드. 빙하가 녹아 시내가 되었다.

위 밀포드 사운드 자연유산지역에 있는 수많은 폭포 가운데 가장 아름답다고 알려진 서던 폭포의 환상적인 모습.
아래 만년설 빙하가 녹아 만들어 내는 거대한 폭포를 관람하려는 승객들을 태우고 폭포에 접근하는 유람선.

랜드 대표 야생화 루피너스 등은 색상이나 모양새가 도시에서 접하는 꽃하고는 매우 다른 느낌이다.

쿡산 국립공원에는 뉴질랜드에서 가장 높은 쿡산을 비롯하여 3000m가 넘는 산(총 14곳)이 집중되어 있다. 2000m급의 봉우리는 자그마치 140개가 넘는다. 빙하의 면적과 두께는 알프스와 북미 지역의 거대한 빙하에 비교할 수 없지만, 이동 속도는 지상에 생성된 수많은 빙하 지역 중 가장 빠르다.

쿡산 국립공원은 자연유산지역임에도 불구하고 모든 지역을 개방하고 있다. 등산과 산책은 물론, 타 지역의 국립공원과는 다르게 사계절 스키와 스노보드 같은 스포츠도 즐길 수 있다. 만년설로 덮인 정상 부근에는 항공기 이착륙까지 할 수 있다. 단, 작은 경비행기와 헬리콥터만 가능하다. 활주로는 따로 만들지 않고 만년설을 자연 활주로로 이용하고 있다.

자연 앞에서 언어는 힘을 잃는다

남섬 최대의 관광지「퀸스타운」에서「밀포드 사운드 국립공원」까지 300km로 이어지는 좁고 가파른 언덕길과 호수 풍경은 너무나 아름다워서 도저히 빨리 지나칠 수가 없었다. 그래서 자동차로 6시간이면 갈 수 있는 거리를 1박 2일에 걸쳐 느릿느릿 이동했다. 하지만 이 길은 밀포드 사운드라는 신천지를 보여주는 전주곡에 불과했다.

눈여겨보면 밀포드 사운드는 북유럽의 빙하협곡과 아주 흡사하다. 여기에는 다 이유가 있다. 원래 밀포드 사운드 지역은 오스트레일리아, 인도, 아프리카 그리고 남아메리카 지역과 붙어 있었다. 약 1억5천만 년 전 골드와나 대륙이 한 차례 분류되면서 뉴질랜드와 오스트레일리아가 따로 떨어져 나왔고, 8000만 년 전 다시 대륙이 나누어지면서 지금의 모습을 갖추게 되었다. 태고의 대륙이었기 때문일까. 밀포드 사운드 지역에서는 고생대에서나 볼 수 있었던 독특한 수목들이 광대한 지역에 걸쳐 숲을 형성하고 있다. 또한 평원에도 독특한 원시림이 형성되어 있는데, 이 지역에 이런 자연이 보존될 수 있었던 것은 수십 년 전까지만 해도 외부의 영향을 거의 받지 않았기 때문이다.

　참, 밀포드 사운드 여행에 앞서 한 가지 알아둘 점이 있다. 바로 날씨다. 이곳은 하루에도 몇 차례씩 변화무쌍하게 날씨가 바뀌기 때문에 여름에도 복장에 신경을 써야 한다. 남반구의 봄에 해당되는 9~11월 초 사이라면 더욱 주의를 기울일 필요가 있다.

　짧은 시간에 밀포드 사운드 주변을 다 둘러보려면 유람선 투어를 하는 것이 좋다. 밀포드 사운드의 산은 대부분 1000m가 넘는다. 바다와 산이 어우러진 풍경은 신비롭고 영롱하다. 수백 미터나 되는 폭포도 환상적이고 바위 위에 아슬아슬하게 자리 잡은 빙하도 멋지다. 하늘에 도전이라도 하듯 도도하게 머리를 내민 「마이터 봉Mitre peak」은 유독 돋보인다. 밀포드 사운드의 봉우리 가운데 가장 높은 마이터 봉은 높이가 1695m. 여기서 자신의 인내력을 한 번 시험해 봐도 좋겠다. 눈 덮인 마이터 봉우리가 눈에 들어오는 순간, 손에 들고 있는 카메라의 셔터를 누르지 않고 얼마나 오랫동안 참을 수 있는지.

　태양의 위치에 따라 전혀 다른 풍광을 연출하는 밀포드 사운드의 경관을 감상하려면 이른 아침이나 저녁놀이 주변을 물들이기 시작할 때를 기다리는 것이 좋을 것 같다. 하지만 아쉽게도 그 시간대에는 유람선 운행이 안 되기 때문에 육지에서 풍경을 감상할 수밖에 없다. 물론 해가 중천에 떠 있는 상태에서 바라보는 풍광 또한 환상적이다. 정오의 햇살을 반사하며 반짝거리는 빙하 폭포 앞에서는 어떤 보석도 무색할 지경이다. 밀포드 사운드는 뱃머리의 방향이 바뀔 때에도 전혀 다른 모습들로 다가온다. 1000m에 이르는 빙하 지역에서 얼음이 녹아 바다를 향해 떨어지는 폭포와 만년설로 덮여있는 봉우리의 모습들은 지금도 잊을 수가 없다.

　크루즈 여행으로는 사실 넓은 밀포드 사운드 지역을 둘러보는 데 한계가 있다. 보다 자세하게 숨어 있는 비경을 찾아보고 싶은 경우라면 트레킹에 참가해 보아야 한다. 트레킹에 참가해 보면, 왜 많은 사람들이 밀포드 사운드를 세계 최고의 청정 지역이라고 격찬하는지 몸소 느낄 수 있다. 나 역시 몇 해 전 밀포드 트레킹에 참가한 적이 있었는데 체력을 적절하게 안배하지 못해 도중에 포기하고 하산했다. 지금

밀포드 사운드의 청정한 바다에서 수영을 즐기고 있는 물개. 행운이 따라준다면 바다사자와 지상에서 가장 작은 헥터 돌고래도 볼 수 있다.

생각해도 너무나 안타깝다.

뉴질랜드에는 포유동물 중 가장 큰 고래를 비롯하여 물개, 펭귄 등 국제적으로 보호되고 있는 어족이 많이 살고 있다. 그 중에서도 특히 이곳은 헥터 돌고래의 본거지로 유명하다. 크루즈 유람을 하거나 주변을 걷다보면 여러 마리의 헥터 돌고래가 수면 위로 모습을 나타내는 광경도 자주 목격할 수 있다. 펭귄과 물개 등 다른 다양한 동물들도 방문객을 맞이하는데, 다섯 번이나 밀포드 사운드를 찾았음에도 불구하고 나는 이런 멋진 광경을 항상 멀리서 지켜볼 수밖에 없었다. 이것 역시 안타깝기는 마찬가지. 아쉬움은 또다시 내가 밀포드 사운드로 발걸음을 향하도록 만들 것이다. 언젠가 이 청정 지역으로 다시 돌아와, 위대한 자연 앞에 인간이란 얼마나 작은 존재인지 절감하고 있을 내가 이미 보인다.

여행정보
MILFORD SOUND

1 인천 ⋯ 오클랜드 직항 10시간
2 오클랜드 ⋯ 퀸스타운 국내선 항공기 2시간, 차량으로 12~14시간

● **찾아가는 길** _ 인천에서 뉴질랜드의 관문에 해당되는 오클랜드까지 직항으로 운행되는 아시아나 항공으로 이동한 다음 국내선을 이용하여 퀸스타운으로 갈 수 있다. 퀸스타운에서 밀포드 사운드 국립공원까지는 경비행기와 승용차를 이용할 수 있는데, 차량을 이용해야 아름다운 뉴질랜드의 자연을 보다 많이 볼 수 있다. 인천에서 오클랜드까지는 10시간이 소요되고 오클랜드에서 퀸스타운까지는 항공기로 2시간이 소요된다. 오클랜드에서 퀸스타운까지는 차량으로 12~14시간 정도 걸린다.

● **숙박** _ 밀포드 사운드 국립공원 안에 로지와 호텔이 자리 잡고 있지만 그 숫자가 적어 사전에 예약하고 움직이거나 목적지에 도착하면 서둘러 숙소를 잡는 것이 좋다. 퀸스타운에는 충분한 숙소와 각종 행사를 운영하는 여행사가 많으니 가능하면 퀸스타운에서 원하는 숙소를 미리 체크하여 예약을 해 두는 것이 좋다.

● **주변 볼거리** _ 테 아나우는 다양한 코스의 트레킹 출발점이며 환상적인 호수와 그림처럼 예쁜 마을은 편안하게 휴식을 취하기에도 그만이다.

● **여행하기 가장 좋은 때** _ 남반구의 여름에 해당되는 11~3월 사이가 최고. 트레킹에 참여하려면 12월이 가장 좋다.

● **우편 정보** _ 관광 안내소는 물론이고 크루즈 유람선에서도 엽서를 보낼 수 있다.

● **통용화폐** _ 뉴질랜드 달러를 사용하고 있다. 출발에 앞서 환전을 하는 것이 유리하며 카드를 사용하는데 아무런 불편이 없다.

● **비자** _ 뉴질랜드는 비자 없이 3개월 동안 여행이 가능하다.

반가운 사람을 만나면 코를 맞대고 인사를 나누는
마오리족의 땅 뉴질랜드. 영국인 탐험가 제임스 쿡이 만약
이 땅을 발견하지 않았다면, 마오리족은 지금보다도 훨씬
경이로운 자연을 배경 삼아 그들만의 독특한 춤「하카」를
즐기며 더 행복하게 살고 있지 않았을까.

postcard from **ZIMBABWE & ZAMBIA**

태고의 땅에서 나를 만나다
빅토리아 폭포

짐바브웨 지역에서 바라본 빅토리아 폭포의 일출. 숨을 멎고 바라볼 수밖에 없는 신비로운 풍경이다.

from Victoria Falls

아프리카의 새벽은 어둡습니다. 인공의 빛을 찾아볼 수 없는 들판과
숨죽인 짐승들, 그들 사이를 젖은 공기만이 밀렵꾼처럼 서성이곤 합니다.
나는 총신을 정렬하듯 카메라를 일으킵니다. 그리고 **더딘 일출**을 기다리지요.
치열한 도시의 삶에서 **단단하고 완고하게** 굳어졌던 내 자아가
아프리카의 일출 앞에서 **천천히 부서져 내리는 것** 같습니다.

― 아프리카를 사랑하는 한정훈 님께.

짐바브웨에서 바라본 빅토리아폭포

토착민인 칼롤로로지족族들은 「빅토리아폭포 Victoria Falls」를 「모시 오아 퉁야」라는 지명으로 부르고 있었다. 「천둥 치는 연기」를 뜻하는 모시 오아 퉁야. 그 의미를 대변이라도 하듯 빅토리아폭포의 거대한 물보라는 수십 킬로미터나 떨어져있는 공항에서도 선명하게 확인할 수 있었다. 국제공항이라기보다는 자그마한 도시의 버스 대합실에 가까울 듯 아담한 「짐바브웨 빅토리아펄스 국제공항」을 빠져나와 가장 먼저 만난 현지인은 나에게 빅토리아폭포와 주변을 안내해 줄 「딘」이라는 거구의 전형적인 아프리카 흑인이었다. 간단한 인사를 나누고 제법 멋져 보이는 그의 지프에 올라 빅토리아폭포의 관문에 해당되는 도시 「빅토리아펄스」로 향했다. 수십 마리씩 떼를 지어 이동하는 야생동물을 바라보며 얼마쯤 달리자 제법 틀을 갖춘 아담한 타운이 시선에 들어온다. 빅토리아펄스였다. 작은 도시지만 각기 다른 피부와 머리색을 가진 관광객과 주민들이 활보하고 있는 모습에서 새삼 예사롭지 않는 곳임을 쉽게 인지할 수 있었다.

「짐바브웨」와 「잠비아」 사이에 위치하고 있는 빅토리아폭포를 관람하는 방법은 매우 다양하다. 하지만 대부분의 방문객들은 각종 편의시설이 잘 갖추어진 짐바브웨의 빅토리아펄스에 머물면서 폭포와 주변에 흩어져 있는 인류유산지역을 관람한다. 나도 빅토리아펄스에 위치한 호텔에 짐을 풀고 휴식을 취한 후 다음 날 아침 딘의 안내를 받으며 빅토리아폭포로 향했다. 짐바브웨 지역의 빅토리아폭포는 타운에서 도보로 20여 분이면 갈 수 있을 정도로 가까운 거리에 위치하고 있었다. 갈대와 흙을 이용하여 만들어 놓은 관리소를 지키고 있는 「레인저 ranger」에게 입장료 20불을 주면서 들여보내 줄 것을 부탁해 보았지만 전혀 반응이 없었다. 하는 수 없이 딘에게 부탁을 했다. 알아들을 수 없는 말로 잠시 서로 이야기를 나누더니, 잠시 후 딘이 50불을 투자하면 입장이 가능하다고 전해주었다. 아까운 마음이 들었지만 50불을 내놓을 수밖에 없었다. 여행을 하다보면 법보다 돈이 더 빠른 경우가 흔히 있다. 하긴 여행에서 뿐일까.

티켓 영수증도 받지 못하고 들어선 짐바브웨의 빅토리아폭포 지역에서 가장 먼

빅토리아폭포 인근 국립공원에서 한적한 시간을 즐기고 있는 누.

저 접한 것은 흙으로 만든 아담한 전시장이었다. 폭포의 크기와 수량, 주변에 서식하는 동식물의 분포도를 그림과 모형을 이용하여 자세하게 설명해 주고 있는 전시장을 보는 둥 마는 둥 지나치고 좁은 산책로를 걷다가 회색빛 누^{gnu}와 마주쳤다. 거대한 몸짓을 한 들소 버펄로^{Buffalo}는 몸과 마음을 긴장의 도가니로 몰아넣기에 충분했다. 폭포를 향하여 발걸음을 옮길 때마다 만나게 되는 크고 작은 파충류와 야생동물들은 방금 전 지불한 스페셜 입장료를 보상이라도 하듯 나를 즐겁게 해 주었다. 다만 한 가지 아쉬운 점이 있다면 주변이 너무 어두워 삼각대를 사용하지 않고서는 도저히 촬영을 할 수 없다는 사실.

잠베지 강의 황홀할 정도로 아름다운 여명

　　홍분과 기대에 들떠 걷기를 10여 분. 안개를 연상시키는 물보라 속에 모습을 감추고 있는 폭포가 어렴풋이 시선에 잡히기 시작한다. 족히 수백 미터는 떨어진 산책로에서 바라본 빅토리아폭포는 가슴이 벅차올 정도로 장대하고 웅장했다. 준비해 간 삼각대를 펼치고 촬영을 시작하기도 전에 온몸과 카메라는 폭포 아래서 튀어 올라온 물보라로 인해 흠뻑 젖어버렸다. 하지만 몸이 젖는 것에 신경쓸 겨를이 없었다. 카메라 파인더 안에 들어온 태양은 잠시 동안 몸을 못 움직일 만큼 아름다웠다. 얼른 정신을 다시 차리고 태양을 향해 바쁘게 셔터를 눌러대기 시작했다. 참으로 황홀했던 순간이었다.

　　데빌스 캐터랙트와 메인, 호스슈 폭포 사이를 뛰어 다니며 사진 찍기를 20여 분. 준비해간 필름을 모두 소모하고서야 폭포를 자세히 감상할 수 있었다. 빅토리아폭포를 대표하는 데빌스 캐터랙트와 메인, 호스슈 폭포의 길이는 각기 500~600m에 이른다. 주변에는 작은 바위섬과 울창한 숲이 형성되어 있는데, 물보라에 따라 수시로 변화하는 환상적인 풍광은 나로 하여금 쉴 새 없이 탄성을 토해내게 만들었다. 전망대에서 바라본 빅토리아폭포는 시간과 보는 각도에 따라 전혀 다른 모습으로 다가왔다. 어떻게 보면 인공으로 만들어 놓은 분수 같고, 조금 떨어져서 관망하면 진짜 폭포 같은 풍경이 믿기 어려울 정도로 신비로움을 연출하고 있었다.

이번에는 잠비아에서 빅토리아폭포로

짐바브웨 쪽에서는 변화무쌍한 모습의 빅토리아폭포를 감상할 수 있다면, 잠비아 쪽에서는 웅장하면서도 드라마틱한 모습의 빅토리아폭포를 만날 수 있다. 출입국 관리소를 통과하여 「빅토리아 다리」에서 폭포를 바라보니, 왜 많은 관람객들이 이곳을 찾는지 알 수 있을 것 같았다. 비록 폭포의 길이는 짐바브웨 지역보다 짧지만 낙차의 폭이 더 커 훨씬 웅장한 기분을 느낄 수 있었다.

　잠비아 지역의 폭포 역시 여러 구역으로 나누어져 있는데, 그 중 「레인보우폭포」가 가장 멋지다. 레인보우폭포와 빅토리아 다리 사이에 형성되는 환상적인 무지개는 사람의 혼을 쏙 빼놓는다. 빅토리아폭포를 보다 자세히 살펴보려면 유람선과 보트를 타고 폭포 아래쪽을 관람하여야 한다. 하지만 나를 비롯한 대부분의 방문객들은 유람선이나 카누 같은 작은 배를 타고 상류 쪽을 관람할 수밖에 없었다. 낙차 폭이 워낙 크고 물살이 매우 빠르기 때문에 목숨을 담보로 레포츠를 즐기려는 마니아를 제외하고는 폭포 아래에서 모험과 스릴을 즐기려는 여행객을 찾아보기란 쉽지 않다.

　상류에서 즐길 수 있는 크루즈 투어는 크게 두 가지가 있다. 하나는 석양을 벗 삼아 주변에 흩어져 있는 야생동물과 아름다운 인류유산지역을 감상하는 것이고, 다른 한 가지는 작은 카누와 보트를 이용하여 동물들을 찾아다니는 크루즈 사파리 게임을 하는 것이다. 대자연에서 서식하는 동물을 만날 수 있는 4~6시간짜리 크루즈 투어에 참가해보라는 딘의 조언에 따라 나는 우선 6시간짜리 투어를 신청하고 유람선에 올랐다.

　빅토리아폭포와 잠베지 강에서 서식하고 있는 야생 동물은 수십 종류에 이르지만 크루즈에서 볼 수 있는 동물은 하마와 악어 등으로 한정되어 있다. 보다 다양한 동물을 감상하고 싶다면, 무장한 레인저의 경호를 받으며 야생동물을 찾아 이동하는 「부시맨 트레킹」에 참가해 보는 것이 좋다. 부시맨 트레킹에서는 하마와 악어는 기본이고 거대한 물소와 누, 코끼리, 사자를 비롯하여 희귀한 조류 등 빅토리아폭포 지역에서 서식하는 대부분의 동식물을 가깝게 접근하여 볼 수 있다. 단, 목숨을 담보로 해야 함을 잊지 말 것. 나도 부시맨 투어에 참가해 보았는데, 1시간 동안은 너무 긴장되고 무서워 발조차 제대로 옮겨 놓을 수 없었다. 하지만 시간이 지나면서 차츰 새로운 야생동물을 찾아 나서는 스릴이 느껴졌다. 지금 생각해도 흥분이 될 정도로 멋진 추억이 되었다.

　빅토리아폭포 지역에 터전을 잡고 살아가는 칼롤로로지족의 전통적인 민속공연도 아프리카가 선사하는 멋진 선물이다. 정열적인 율동을 보이는 댄서를 중심으

잠베지 강에서 낚시를 즐기는 주민들.

로 동물의 가죽을 활용하여 만든 악기를 연주하는 칼롤로로지족의 공연은 저마다 독특한 몸짓으로 자신들의 생각을 표출한다. 그 중에서도 동물로 분장하고 알 수 없는 몸짓과 소리를 지르는 민속공연은 너무나 인상적이라 보면 볼수록 묘한 호기심이 발동한다.

마을에는 흥미로운 예술품과 장식품도 가득하다. 그 중 가장 눈에 띄는 것은 담에 그려 놓은 벽화였다. 사자와 누 같은 동물을 비롯하여 주민들이 사냥하는 모습 등 다양한 그림은 방문객들의 시선과 발걸음을 잡기에 충분했다. 일반적인 벽화에서는 보기 드문 이런 그림들은 생활 주변에서 흔히 볼 수 있는 풍경을 벽에 옮겨 놓은 것으로, 그 정교함과 세련미는 어떤 벽화에 비교해도 손색이 없다. 다양한 재료를 활용하여 만든 토산품에도 칼롤로로지족의 전통과 장인들의 혼, 그리고 뛰어난 예술성이 담겨있다.

여행정보
VICTORIA FALLS

1 인천 ⋯▶ 빅토리아펄스 홍콩, 요하네스버그 경유 15시간 40분
2 빅토리아펄스 ⋯▶ 폭포지역 시내버스, 택시로 약 30분

● **찾아가는 길** _ 인천에서 홍콩까지 이동한 다음 아프리카 교통의 요충지인 요하네스버그에서 빅토리아펄스 지역까지 운행하는 남아공화국 항공을 이용하는 방법이 가장 편리하다. 인천에서 홍콩까지 3시간이 소요되고, 홍콩에서 요하네스버그까지는 11시간이, 요하네스버그에서 빅토리아펄스까지는 1시간 40분이 소요된다. 짐바브웨의 빅토리아펄스 공항에서 마을과 폭포지역까지는 시내버스가 비행기 시간에 맞추어 운행되고 있다. 공항에는 일반 택시와 불법으로 영업하는 자가용 택시도 다수 있어 흥정만 잘 하면 3~5불에 편안하게 숙소까지 갈 수 있다. 소요시간은 약 30분.

● **숙박** _ 골프장과 수영장이 있는 초특급호텔부터 배낭족들이 이용하는 저렴한 호텔까지 다양하다.

● **주변 볼거리** _ 잠베지 국립공원에서는 지프를 이용한 사파리 게임은 물론이고 직접 걸어서 동물들을 찾아다니는 부시맨 트레킹을 할 수 있다.

● **여행하기 가장 좋은 때** _ 봄과 여름에 해당하는 9~2월 사이가 가장 적합하다.

● **우편 정보** _ 빅토리아폭포의 거점도시인 빅토리아펄스에는 우체국과 은행이 있어 엽서와 편지, 전화를 이용하는데 불편함이 없다. 호텔에서도 우편 서비스를 실시하고 있다.

● **통용화폐** _ 빅토리아 지역에서는 짐바브웨 달러와 미국 달러를 함께 사용한다. 환전은 은행보다는 개인이 운영하는 환전소를 이용하는 것이 훨씬 유리하다. 신용카드 사용도 가능하다.

● **비자** _ 짐바브웨와 잠비아 모두 공항과 국경 검문소에서 비자를 받을 수 있으며 반드시 미국 달러로 비용을 지불해야 한다.

언제부터인가 내 가슴속에 깊게 자리한 아프리카.
어떤 이들은 이곳을 태초의 모습이 보존되어 있는 곳이라고 말하고,
또 어떤 이들은 인간과 자연이 함께 하는 진정한 파라다이스라고 칭한다.
어느 쪽이든 다 옳다. 신비로운 물의 향연, 온갖 희귀한 동물,
때 묻지 않은 자연, 그리고 사람이 특별한 조화를 이루는 이곳에 대해
누가 쉽게 결론 내릴 수 있을까. 다 옳다. 다 옳다.

postcard from **CANADA**

산, 호수, 빙하, 회색곰 그리고 자연 앞에 나
캐나디언 로키

from Canadian Rocky

오늘은 캐나디언 로키의 꽃이라 불리는 루이스와 모레인 호수를 가슴에 담았습니다.
신의 위대한 창조물은 시간과 공간을 초월하여 보는 이를 감동 속으로 몰아넣습니다.
오늘 로키를 보면서 원칙을 지키며 살아가는 당신의 이름 석 자를 떠올려봅니다.
이유도 알 수 없이 그저 하 형이 계속 생각납니다.

- 원칙을 소중히 여기는 하형우 님께.

웅장한 바위산과 나무가 비친 호수. 이른 아침과 저녁시간에 보면 특히 환상적이다.

로키의 모든 것이 축약된 밴프

이른 새벽 밴쿠버의 호텔을 나섰지만 자정이 다 되어서야 겨우 「캐나디언 로키 Canadian Rocky Mts.」의 관문에 해당하는 「밴프Banff」에 도착할 수 있었다. 예약한 호텔에 도착하자마자 짐을 풀지도 못하고 곧장 잠을 청했다. 습관처럼 되어버린 새벽 촬영을 위해서는 최소한 새벽 5시에는 잠자리를 박차고 일어나야 했지만, 내가 햇살과 마주한 시간은 7시가 다 되어서였다. 숙박요금에 포함된 조식도 포기하고 서둘러 장비를 챙겨 도시가 내려다보이는 곳을 향하여 자동차를 몰기 시작했다. 조금 늦게 일어난 탓일까. 동물들은 찾아볼 수 없고 관광객을 태운 자동차들만 힘겹게 언덕을 오르고 있었다.

맥이 풀린 상태로 얼마쯤 달렸을까. 뒤늦게 시냇가에서 물을 먹고 이동하는 사슴 가족이 차창 너머 다가온다. 조수석에 준비해 놓은 망원 렌즈가 부착된 카메라로 멀리서 사슴을 몇 장 찍어 보았다. 사실 이런 정도의 사진은 사용할 수가 없지만, 그래도 그냥 지나치기가 너무 아쉬워 열심히 사슴 가족을 렌즈에 담았다. 아쉬움을 가득 안고 한적한 산길을 따라 자동차로 십여 분쯤 더 오르자 멀리 웅장한 산 아래에 그 모습을 숨기고 있는 밴프가 어렴풋이 보인다. 밴프는 계절에 따라 전혀 다른 풍광을 연출하는 곳으로 유명한데, 특히 가을 풍경은 변화무쌍한 로키를 만끽하기에 제격이다.

귀여운 야생 너구리.
재스퍼와 밴프의 공원은 물론 거리에서도 자주 볼 수 있다.

연중 수많은 방문객이 찾는 밴프에는 대자연을 벗 삼아 온천과 골프를 즐길 수 있는 장소와 함께 이 고장의 풍습과 문화를 엿볼 수 있는 박물관, 흥미로운 토산품을 제작하고 있는 장인들의 공방 등 볼거리가 많다. 그 중에서 가장 유명한 곳은 캐나디언 로키의 최고 경치로 알려진 「루이스Luise 호수」. 익히 그 명성을 잘 알고 있었지만 직접 두 눈으로 확인하는 순간 나는 말문이 막혀 감탄사조차 토해 낼 수 없었다. 늘 그래왔듯이 가방에서 카메라를 꺼내 셔터를 몇 차례 누른 다음에야 겨우 정신을 차려 주변을 둘러보았다. 만년설이 있는 「빅토리아 산」과 물안개 속에 모습을 숨기고 있는 주변의 풍광은 아름답고 신비로웠다.

루이스 호수를 감상하는 방법은 트레킹, 산책, 조깅, 그리고 뱃놀이에 이르기까지 다양하다. 어느 방법을 선택해도 결코 후회하지 않을 정도로 아름다운 루이스 호수지만 대자연을 체험하기에는 트레킹이 최고다. 밴프 지역의 등산로는 사인보드가 잘 갖춰져 있어 길을 잃고 산 속을 헤매는 일은 드물다. 다만 수시로 곰, 늑대, 캐나다 살쾡이, 그리고 몸체가 황소보다 큰 엘크와 무스 같은 야생동물 등을 만날 수 있기 때문에 각별히 주의가 요구된다.

루이스 호수를 보다 자세히 살펴보기 위하여 제법 큰 배낭에 카메라와 비상식량, 의류 등을 준비하고 등산로를 따라 이동하기 시작했다. 바위와 나무 사이로 흐르는 시냇물과 작은 숲길을 지나 언덕에 오르자 멀리 호수 위를 떠다니는 작은 배와 어디론가 움직이는 등산객들이 보이기 시작한다. 방금 전 호숫가에서 보았던 모습하고는 전혀 다르게 마치 현란한 마술쇼를 연출하듯 호수는 수시로 변화하고 있었다. 캐나디언 로키를 찾는 방문객들이 왜 많은 명소 가운데 이곳을 으뜸으로 꼽는지 알 수 있었다. 보면 볼수록 묘한 신비감이 돌았다.

루이스 호수에서 자동차로 약 20여 분쯤 달리면 「모레인Morain 호수」가 나온다. 캐나다 지폐에도 등장할 정도로 유명한 모레인 호수는 「바벨 산」을 중심으로 10여 개에 이르는 바위산에 둘러싸여 있는데, 그 모습이 너무나 아름답다. 나는 모레인 호수와 주변이 내려다보이는 건너편 산을 향하여 열심히 오르기 시작했다. 앞장섰던 노부부가 가던 길을 멈추고 바위에 나란히 앉아 준비해 온 차를 마시는 모습이

웅장한 바위와 침엽수, 구름 그리고 에메랄드빛 물이 절묘한 조화를 이루고 있는 페이토 호수와 웅장한 로키산맥.

정겨워 보인다. 노부부와 눈인사를 나누고 걷기를 10여 분, 자그마한 언덕이 나타났다. 그곳에 무거운 배낭을 풀어놓고 호수를 바라보던 나는 다시 한 번 신의 위대한 창조력에 고개를 숙일 수밖에 없었다. 언덕 위에서 바라본 바벨 산 정상과 계곡에는 하얀 눈이 쌓여있고, 그 아래에 펼쳐진 모레인 호수는 아무리 마음을 진정시키려고 해도 진정이 되지 않을 정도로 근사했다. 특히 해가 바벨 산으로 넘어간 후 호수에 비친 산과 나무 그림자는 그야말로 환상이었다. 다른 표현을 대체 생각해 낼 수가 없다.

자연에 동화되어

캐나다 최초의 국립공원지역인 밴프에서 가장 큰 규모를 자랑하는「재스퍼Jasper 국립공원」으로 이동하다 보면「콜럼비아 빙하지역」을 접하게 된다. 길이 130km에 이르는 이 거대한 콜럼비아 빙하지역은 원초적인 자연이 어떤 것인지 경험해 볼 수 있는 장소다. 고속도로에 인접해 있어 누구나 쉽게 찾아 갈 수 있지만, 빙하지역에 접근하려면 탱크를 연상시키는 궤도차를 이용해야만 한다. 나는 자동차를 주차시키고 40여 명이 타는 궤도차에 올라 빙하지역으로 향했다. 지구 온난화 현상으로 인하여 매년 7~8미터에 이르는 빙하가 녹아내린다는 안내인의 설명을 듣고 바라본 빙하지역은 멀리서 보았던 것하고는 전혀 달랐다. 눈앞에 펼쳐진 거대한 빙하. 어떻게 보면 푸른색 같기도 하고 한편으론 옥색 같기도 한 빙하지역은 날씨에 따라 색깔이 수시로 변하기 때문에 어떤 색이 진짜인지 구분하기가 쉽지 않아 보인다.

콜럼비아 빙하지역을 지나 재스퍼 국립공원으로 들어서자 지금까지 보았던 풍경과는 다른 광경이 펼쳐져 있었다. 웅장하고 장엄한 산과 주변의 풍광은 여느 국립공원 지역과 비슷하지만 유독 재스퍼에서 눈에 띄는 것이 있다. 커다란 뿔을 과시라도 하듯 이곳저곳을 어슬렁거리는 사슴과 순록들이 바로 그 주인공이다. 재스퍼 지역에는 야생동물 보호가 철저하게 이뤄지고 있기 때문에, 이곳에 살고 있는 야생 동물들은 자동차와 사람을 두려워하지 않고 마음껏 거리와 마을을 활보하고 있다.

루이스 호수 위에 호른의 선율이 흐른다.

모레인 호수 상류 지역. 캐나디언 로키에서 가장 아름다운 풍광을 연출하고 있는 지역 중 하나이다.

재스퍼 국립공원지역은 너무 넓어 모두 둘러보려면 상당한 시간이 필요하다. 여러 명소 중 가장 인상적인 곳은 마을에 인접한 「피라미드 산」과 「말린 Maligne 호수」였다. 재스퍼 타운 뒤편에 있는 피라미드 산은 그 모양새가 피라미드처럼 생긴데서 유래된 지명으로 호수에 비친 풍경이 특히 멋지다. 그러나 산의 크기와 풍광이 다른 곳에 비해 특별히 내세울만한 것은 아니다. 그런데도 불구하고 많은 사람들이 이곳을 찾는 까닭은 커다란 순록과 재스퍼의 상징 동물인 회색곰을 만날 수 있기 때문이다. 내가 재스퍼를 찾은 이유도 바로 이런 야생동물을 카메라에 담아 가기 위해서다. 시간이 부족했던 나는 사슴과 작은 엘크, 야생너구리 정도밖에 촬영할 수 없었지만, 야생동물만을 전문으로 다루는 생태 사진가들은 동물들의 서식지와 이동 경로를 정확히 파악하고 있어 여유를 두고 야생동물을 카메라에 담고 있었다.

인디언 언어로 「악당」이란 뜻을 내포하고 있는 말린 호수는 아무리 보아도 영롱하고 신비롭기만 할 뿐 악당하고는 거리가 멀어 보였다. 말린 호수를 둘러보는 방법 역시 다양하다. 직접 걷거나 작은 카누를 이용하여 호수와 주변의 경관을 자세히 관람할 수도 있고 보트를 이용하여 둘러보는 것도 가능하다. 나는 시간을 효과적으로 사용하기 위하여 보트를 타고 호수 안쪽으로 향하기로 했다. 하늘을 향하여 곧게 솟아 오른 빽빽한 나무와 아름다운 물의 색감을 간직한 말린 호수는 어떤 수식어를 동원한다고 해도 그 아름다움을 설명하기가 쉽지 않아 보인다. 하늘이 내려온 듯한 물의 빛깔과 호수 중간 중간에 떠 있는 작은 섬 그리고 늘씬한 몸매를 자랑이라도 하듯 늘어선 라프폴리아 소나무, 가문비나무, 침엽수…. 그 자연에 동화되어 한참을 넋을 잃고 서 있었다.

여행정보
CANADIAN ROCKY MTS.

MAP

1 인천 ⋯→ 밴쿠버 직항 11시간
2 밴쿠버 ⋯→ 국립공원 국내선으로 약 3시간, 렌터카 이용시 10~12시간

● **찾아가는 길** _ 캐나디언 로키를 방문하려면 인천에서 대한항공이나 에어 캐나다를 이용하여 서부 캐나다의 관문에 해당되는 밴쿠버로 이동한 다음 국내선 항공기를 이용하거나 렌터카를 이용하여 국립공원 지역으로 가면 된다. 인천에서 밴쿠버까지는 11시간이 소요되고 공원까지는 항공기로 약 3시간이, 렌터카를 이용하는 경우는 10~12시간이 소요된다.

● **숙박** _ 캐나디언 로키지역에는 세계적으로 유명한 레이크 루이스 호텔을 비롯하여 고급 호텔과 로지, 캠핑장 등 수백 곳의 숙소가 있어 선택의 폭이 넓다.

● **주변 볼거리** _ 거대한 면적에 걸쳐 있는 캐나디언 로키지역 주변에는 볼거리가 너무 많아 한두 곳을 선택하기란 결코 쉽지 않다. 그 중 가장 돋보이는 장소가 로키의 거점도시인 밴프다. 웅장한 대자연을 배경으로 온천, 산책로, 박물관 등 캐나디언 로키의 모든 것이 축약되어 있는 도시다.

● **여행하기 가장 좋은 때** _ 야생화가 만발하는 6월과 노란 단풍이 물드는 9월이 가장 적합하다.

● **우편 정보** _ 어느 곳에서나 쉽게 우편엽서를 구입하여 작성한 후에 보낼 수 있다.

● **통용화폐** _ 캐나다 달러를 사용하고 있으며 출국에 앞서 캐나다 달러로 환전을 하는 것이 유리하다. 신용카드 사용도 편리하다.

● **비자** _ 캐나다는 비자 없이 3개월 동안 여행을 할 수 있다.

자연은 말이 없다.
그저 모습만으로 상대의 마음을 두드린다.
우리도 그렇게 자연스러울 수 있다면.
서로에게 산이 되고, 나무가 되고, 호수가 되고,
폭포가 될 수 있다면.

Taishan

Hamilton Etc.

Postcard 03

고단한 마음이 쉬어가는

*150
Tasmania

*162
Seefeld in Tirol

*174
Newto

postcard from CHINA

산 자들의 경승지, 죽은 자의 안식처
태산

태산은 중국 문화와 신앙의 중심지이자 중국인의 마음 속 고향이다.

from Taishan

중국인들은 일몰이 아니라 **일출을 보기 위해** 전날 오후 태산에 오른다고 합니다.
그들이 가진 소망은 자신들의 **영혼이 태산에 안주하는 것**이라는데,
저도 그들을 따라 오늘 **3만 개가 넘는 계단**을 밟았습니다.
영혼이 머무는 곳이라 그런가요? 이러다 제 영혼을 만나는 게 아닌가 생각이 들 정도로
힘이 드는군요. 언제나 변함없는 모습 그대로인 손 부장!
오늘은 당신께 태산을 담아 보냅니다.

— 유유하고 넉넉한 손태경 부장님께.

자연과 더불어 중국의 문화를 접하는 길

중국에서 방향은 계절을 상징하는데, 중국의 5대 명산 중 가장 동쪽에 위치한 「태산」은 봄을 뜻한다고 한다. 「태안泰安」에서 태산으로 오르는 방법으로는 케이블카와 버스 그리고 가파른 계단을 걸어서 오르는 방법이 있다. 세 가지 방법 가운데 가장 많은 방문객들이 선택하는 것은 험난하고 어려운 계단을 직접 걸어 오르는 코스다. 이처럼 고행에 가까운 코스를 선택하는 까닭은 태산에서는 풀 한 포기, 돌 하나까지도 각별한 의미를 지니고 있기 때문이다.

태산으로 향하는 출발점은 태안에 위치하고 있는 「대묘」이다. 약 10km에 이르는 등산로는 대부분 가파른 계단으로 이루어져 있다. 정상에 해당되는 「천주봉」은 대묘에서 7412개에 이르는 계단을 지나야 만날 수 있다. 족히 서너 시간은 소요된다. 크고 작은 바위에 새겨진 글귀는 마치 신선들의 산책로를 연상시킨다. 중간에 설치된 좁은 난간에서 바라본 기암괴석과 주변의 풍광은 아름다움을 넘어 경이롭기까지 하다.

오르고 올라도 끝이 없는 돌계단. 시간이 지날수록 태산 등정은 점점 고통으로 느껴지고 이백의 시는 입에서 맴돌다 사라져 버린다. 준비해 간 음료를 모두 마시고서야 도착한 「남천문南天文」. 하늘에 이르는 높은 문으로 통한다는 남천문의 풍광은 그 의미와는 너무도 달라 보인다. 이곳저곳에 자판을 펼쳐놓고 음식과 기념품을 판매하는 상인, 좁은 계단에 매달려 기념촬영에 분주한 방문객, 가파른 계단을 막 올라와 땀을 닦으며 심호흡을 하는 어린아이부터 칠순이 훨씬 넘어 보이는 할머니까지 시야에 들어오는 것은 온통 사람뿐이다.

남천문을 뒤로 하고 계단을 따라 동쪽으로 30여 분쯤 더 이동하면 천 년의 역사를 가진 사찰 「벽하사壁霞祠」에 이른다. 송대(1016년)에 창건된 이 절에는 태산의 여신 「벽하원군」이 모셔져 있으며 역대 황제들은 즉위하면 이곳에서 봉선 의식을 행했다. 「봉선封禪」이란 황제가 자신의 즉위를 하늘에 고하고 태평성대의 실현을 기원하는 의식이다. 지금도 「묘회」라는 이름으로 매년 봄마다 이 행사를 재현하는 축제가 열리고 있다.

태산으로 연결된 계곡은 7000개가 넘는다.

태산을 찾은 부부가 전통복장을 착용하고 남천문을 배경으로 기념사진을 촬영하는 모습.

　　벽하사 위쪽에는 공자의 사당이 있다. 규모와 세련미에서는 공자의 고향인 「곡부」에 위치한 대성전과는 비교할 수 없지만, 공자의 위패를 모셔둔 이 사당 역시 웅장하고 아름다워 방문객으로 하여금 탄성을 자아내게 한다. 공자의 사당에서 다시 수백 개의 계단을 더 오르면 태산의 정상인 천주봉天柱峰이다. 해발 1545m 지점에 해당되는 정상에 오르면 태산의 정상임을 알리는 작은 돌 푯말과 「옥황전玉皇殿」이란 건축물이 보인다. 3칸짜리 건물로 이루어진 옥황전은 옥황상제에게 제사를 지냈던 곳이다. 또한 천주봉 주변에는 태산을 방문했던 황제와 문인들의 흔적을 엿볼 수 있는 유적지가 도처에 흩어져 있어 여유를 가지고 오르면 자연과 더불어 유구한 중국의 문화를 동시에 접할 수 있다.

죽은 후 영혼은 태산에 머문다

중국에는 정말 흥미로운 유적지가 많다. 그 숫자와 지명을 다 기술할 수조차 없을 정도로 많다. 그 중 여러 곳을 방문해 보았지만 태산에 오르는 사람들만큼 진지한 모습을 본 적이 없다. 처음 태산을 찾았던 1995년에는 그러한 모습이 참 의아했는데, 1998년에 이어 세 번째 태산을 오른 후 남녀노소를 불문하고 이곳에 오른 사람들이 왜 그렇게 진지한지 조금이나마 추측해 볼 수 있었다. 물론 태산에 오른 사람들은 저마다 다른 생각을 갖고 있을 테니 정확히는 알 수 없지만, 분명한 사실 하나는 태산은 13억 중국인에게 성지와 같다는 점이다.

해가 서산을 향하여 모습을 숨기기 시작할 무렵이면 산에 올랐던 사람들이 하산하는 것이 일반적인 풍경이지만 태산은 정반대다. 태양이 서편으로 기울수록 사람들은 정상인 천주봉과 벽하사 부근으로 모여든다. 이 시각에 태산을 찾는 사람들은 하나같이 두꺼운 박스를 손에 들거나 솜을 누벼 만든 두터운 외투를 걸치고 있다. 무엇인가를 갈망하는 듯한 눈빛과 조금은 흥분된 표정이 역력해 보인다. 이들이 오후 시간에 태산을 찾는 까닭은 환상적인 일몰을 감상하기 위해서가 아니다. 다음 날 뜨는 일출을 보다 좋은 위치에서 맞이하기 위하여 꼬박 밤을 새울 사람들이다.

아름다운 경치로는 일몰이 훨씬 황홀하겠지만 중국인에게 일출이 상징하는 의미는 아주 각별하다. 더욱이 죽은 후 자신의 영혼이 태산에 머물 것이라고 굳게 믿

천주봉과 벽하사 사이에 위치한 바위에 오른 가족이 주변을 둘러보고 있다.

벽하사 위쪽에 자리 잡고 있는 공자의 위패를 모셔둔 사당과 유적지.

고 있는 만큼, 그들이 태산에서 맞는 일출은 그 무엇과도 비교할 수 없을 정도로 소중하다. 따라서 많은 중국인들은 토속신앙의 발상지이자 영원한 안식처인 태산에서 아주 특별한 일출을 맞이하기 위하여 차가운 밤기온도 아랑곳하지 않는다. 이런 풍경을 이루는 이들은 남녀노소가 따로 없다. 이제 갓 걸음을 시작한 어린 아이는 물론 족히 칠순은 되어 보이는 할아버지, 할머니도 사람의 물결을 이룬다.

산 아래에 있는 대묘도 무척 흥미로운 공간이다. 중국을 대표하는 3대 건축물 중 하나인 대묘는 당나라 현종 13년(725년)에 완성된 건축물로, 훗날 여러 명의 황제에 의하여 증축되어 오늘의 모습을 갖추게 되었다. 고대 중국의 건축 양식에 따라 사방을 성벽으로 둘렀으며 팔방으로 연결된 8개의 문과 동서남북 네 곳에 있는 각루角樓, 그리고 크고 작은 건축물과 유적지로 이루어져 있다. 크기는 자그마치 10만km². 대묘는 그 규모도 엄청나고 아름다운 공간 또한 많지만 방문객이라면 누구나 길이 62m에 폭이 3.3m나 되는 벽화가 그려진 장소와 한 무제가 심어 놓았다는 측백나무를 가장 먼저 찾는다.

길이가 62m에 이르는 커다란 바위에 벽화가 그려져 있는데 그림의 내용은 산천, 수목, 인물, 의복, 마차 등에 관한 것이다. 그 중에서도 특히 산천수목을 그려 놓은 부분이 뛰어나다. 주변에는 종루와 고루가 서로 마주보고 있다. 그 모습은 한 장의 산수화가 연상될 정도로 아름답다.

태산이 자리하고 있는 태안에는 위에서 언급한 장소 외에도 다양한 볼거리가 즐비하다. 여러 볼거리 가운데 가장 눈에 띄는 곳을 한 곳만 선택하라면 태산 입구에 있는 「대종岱宗」을 꼽고 싶다. 대종에서는 명나라와 청나라의 대표적인 건축물을 비롯하여 아름다운 정원, 멋진 글귀를 적어 놓은 비석, 그리고 태산과 도시를 모두 볼 수 있기 때문이다.

태산은 멀리서 바라보면 평범하기 그지없는 산처럼 보이기도 한다. 하지만 가까이서 살펴보면 신비로움을 피부로 느낄 수 있는 아주 묘하고 독특한 복합유산지역이다. 출발점에서 바라보면 정상으로 향하는 계단은 끝이 없는 듯 도도해 보이지만, 옛말처럼 태산이 높다 해도 결국 하늘 아래 뫼이다. 오르고 또 올라 정상에서 얻는 쉼은 무엇보다도 달콤하다.

여행정보
TAISHAN

MAP

1 인천 ⋯→ 제남 직항 1시간 10분
2 제남 ⋯→ 태안 버스로 2시간

● **찾아가는 길** _ 거점 도시인 제남까지 대한항공을 이용하여 이동 후 제남에서 태안까지 버스를 이용하여 갈 수 있다. 항공 운행 시간 1시간 10분, 버스는 2시간이 소요된다.

태안에서 태산까지 오르는 방법은 세 가지가 있다. 버스와 케이블카를 이용하여 중천문 외곽까지 오른 후, 그곳에서 남천문을 경유하여 벽하사와 최고봉인 천주봉까지 이동하는 방법과 대묘 앞에서 직접 걸어서 오르는 방법이 그것. 버스와 케이블카를 이용할 경우 2시간 정도 소요되며, 가파른 계단을 따라 오르면 3~4시간이 소요된다.

● **숙박** _ 태안 지역에는 여러 개의 호텔과 저렴한 숙소가 있으며 태산 정상에도 저렴한 숙박시설이 마련되어 있다. 가능하면 조금 고급스러운 호텔을 이용하는 것이 안전하다.

● **주변 볼거리** _ 태산 인근의 또 다른 명소로는 곡부가 있다. 공자의 고향으로 알려진 곡부에는 중국 3대 건축물 가운데 하나인 대성전을 비롯하여 공자의 묘와 사당, 그리고 그의 삶을 짐작해 볼 수 있는 여러 유적지가 자리 잡고 있다.

● **여행하기 가장 좋은 때** _ 봄에 해당하는 5~6월에 방문하는 것이 가장 좋다.

● **우편 정보** _ 태산이 자리 잡고 있는 태안은 도시지만 엽서와 편지 같은 우편물을 부치려면 우체국까지 가야하기 때문에 조금 불편하다. 하지만 고급 호텔에서는 대행을 해 주기도 한다.

● **통용화폐** _ 원을 사용하고 있으며 호텔과 백화점에서는 신용카드를 사용할 수 있으나 아직까지도 현금이 주로 유통되고 있다.

● **비자** _ 중국 여행에는 반드시 비자가 필요하다.

오늘도 수많은 사람들이 태산에 오른다.
7천 개의 계곡을 지나고 3만 개의 계단을 밟으며
고행하듯 소망을 기도한다.
충분히 피로해야만 온전히 휴식할 수 있는 것.
고단한 마음 원 없이 쉬고 가라고
태산은 그리도 높은 곳에서 있나 보다.

postcard from AUSTRALIA

멋진 산호와 모래사장 그리고 울창한 숲으로 이루어진 해밀턴 섬의 아름다운 풍경.

산호 위에 떠 있는 파라다이스
해밀턴 섬, 헤이만 섬, 휘트선데이 제도

from Hamilton

저는 지금 휴식에만 몰두하고 있습니다.
해밀턴 섬에 있으니 바다만 바라보고 있어도 어깨에 뭉친 피로가 녹아내리는 것 같습니다.
반드시 무언가를 얻어야 한다는 목적의식이 때로는 여행을 가장 방해하곤 하지요.
오늘은 다른 건 다 잊고 산호 위 파라다이스에서 그저 휴식에만 집중하렵니다.

- 낙원을 소개해 주신 신해연 편집장님께.

세계자연유산지역의 중심, 해밀턴 섬

프로펠러 비행기의 작은 창문을 통해서 내려다본 「해밀턴 섬Hamilton Island」은 나의 심장을 요동치게 만들었다. 「그레이트 배리어 리프Great Barrier Reef」라는 거대한 산호초 지역을 날아온 비행기는 해밀턴 섬을 한 바퀴 순회하여 자그마한 공항에 안착했다. 아담한 버스터미널 같던 공항을 빠져나와 가장 먼저 마주한 것은 골프장에서 사용하는 10여 대의 골프카. 오스트레일리아를 대표하는 세계적인 휴양지 해밀턴 섬에서 운행되는 차량은 「버기」라는 골프카와 두 대의 카니발이 전부다. 환경과 안전을 위하여 차량을 극도로 제한하고 있기 때문이다.

체크인을 마치고 방에서 짐이 도착하기를 기다리던 나는 커다란 창문 사이로 들려오는 소리에 습관적으로 카메라를 들고 발코니로 향했다. 아, 그런데! 난간에 매달려 노래를 부르는 앵무새 뒤로 전개된 해밀턴 섬의 풍광은 비행기에서 바라보았던 모습과는 사뭇 달랐다. 열대 야자수, 에메랄드빛 바다 위로 유유히 이동하는 요트, 드넓은 해변을 한적하게 걷고 있는 여인들, 그리고 동화의 무대가 연상될 정도로 예쁜 빌라형 숙소들…. 쉴 새 없이 셔터 누르기를 십여 분. 정신을 가다듬은 나는 해변을 향하여 움직이기 시작했다. 호텔에서 해변으로 연결된 도로를 걷다 만난 캥거루와 나무 위에서 낮잠을 즐기고 있는 코알라는 내가 세계자연유산지역의 중심에 있음을 새삼 깨닫게 해주었다.

해밀턴 섬의 중심은 비치지역이다. 2km에 이르는 비치지역은 자그마한 호텔과 바다가 내려다보이는 레스토랑, 크고 작은 수영장, 각종 해양스포츠를 즐길 수 있는 공간 등으로 아담하게 구성되어 있다. 가장 많은 휴양객이 모이는 곳은 한적하게 수영과 휴식을 즐길 수 있는 리조트지역이다. 수영장과 수영장 사이를 연결해 놓은 다리, 야자수 그늘 아래 만들어 둔 의자, 강렬한 햇살 아래서 일광욕을 즐기는 휴양객을 위해 설치해 놓은 파라솔 등은 해밀턴 섬이 휴양객을 위하여 얼마나 세심한 배려를 하고 있는지 잘 보여준다. 그 뿐인가. 수영이나 독서를 하다가 가슴속까지 시원하게 해 줄 과일 음료와 간단한 간식을 주문할 수도 있다. 각 국의 맛깔스러운 음식을 맛볼 수 있는 레스토랑도 1분 거리 안에 있다. 한 곳에서 모든 것을 다 해결

할 수 있도록 꾸며 놓아서 편안하고 여유로운 휴식을 하기에 그만이다.

비치에서 윈드서핑과 카약, 비치발리볼의 재미에 흠뻑 빠져보는 것도 신나는 경험이다. 아직 해 본 적이 없어 자신이 없다면, 현장에서 교육을 받은 후 레포츠를 즐기는 것도 가능하다. 다양한 해양스포츠와 수영을 즐길 수 있는 비치지역이 육체의 피로를 말끔하게 씻어줄 수 있는 장소라면, 섬에 흩어져 있는 여러 종류의 숙소는 방문객의 마음에 새로운 활력을 충전시켜 주는 공간이다. 초대형 호텔과 개인의 프라이버시가 철저히 보장되는 고급 빌라형 숙소, 온 가족이 함께 이용할 수 있는 방갈로, 장기 체류자를 위한 아파트형 숙소에 이르기까지 저마다 독특하다. 모두 멋진 바다와 접해 있어서 창밖만 바라봐도 일상에서 지친 몸과 마음이 스르륵 녹아내리는 것 같다.

오직 휴식만을 위한 휴양지

해밀턴 섬에서 전용유람선을 타고 1시간 만에 갈 수 있는 「헤이만 섬 Hayman Island」은 오스트레일리아의 수많은 휴양지 가운데 가장 고급스러운 곳으로 명성이 자자하다. 오직 예약된 손님만 방문이 가능하며, 호텔에서 운행하는 전용 보트를 이용해야 한다. 호화롭게 장식된 최첨단 시설의 보트를 타고 도착한 헤이만 섬에서 가장 먼저 만나게 되는 사람은 선착장에 늘어선 호텔 종사자들. 해맑은 미소가 돋보이는 그들을 따라 들어선 리조트 호텔은 열대의 숲과 바다 사이 존재하는 별천지 같다.

헤이만 섬은 여러 개의 수영장과 깨끗한 자연을 만끽할 수 있는 산책로, 수영과 골프 연습을 하다 잠시 휴식을 취할 수 있는 공간, 유명 브랜드 제품을 판매하는 쇼핑몰 등으로 이루어져 있다. 주변에서는 열대 지방에서 서식하는 다양한 조류와 동식물을 볼 수 있으며, 간단한 복장으로 트레킹과 레포츠를 즐길 수 있는 시설도 잘 갖춰져 있다. 오직 휴식만을 위한 최고급 휴양지다.

해밀턴 섬과 헤이만 섬이 속해 있는 그레이트 배리어 리프 세계자연유산지역은 그 길이가 2000km가 넘는다. 일명 대보초大堡礁라고 불리는 그레이트 배리어 리프

6000~8000년 전 형성된 그레이트 배리어 리프의 산호초 지역. 그 길이가 2000km가 넘는다.

경비행기를 이용하여 휘트선데이 섬을 찾은 방문객들이 주변을 둘러보고 있는 모습.

그레이트 배리어 리프 지역을 둘러보는 데에는 수상 비행기가 가장 많이 이용된다.

지역에 처음 산호초가 형성된 시기는 약 1800만 년 전이라 추정된다. 초기에 형성된 산호초는 빙하기를 기점으로 모두 죽어 섬이나 석회암으로 변모되었다. 현재 항공기와 선박을 타고 관람할 수 있는 산호들은 대부분 새로 생성된 산호초다. 그들의 나이는 6000~8000살쯤.

그레이트 배리어 리프 자연유산지역에는 2500여 개의 섬이 있다. 섬이 너무 많아 비행기를 이용하여 둘러보는 데 꼬박 4시간이 걸린다. 그레이트 배리어 리프지역의 수많은 섬 중 가장 멋진 곳을 선택하라면 해밀턴 섬 인근에 있는「휘트선데이 제도」를 꼽을 수 있다. 이 환상적인 제도는 모래해변이 멋진「휘트선데이 섬」을 축으로 여러 개의 크고 작은 산호섬으로 구성되어 있으며 전체적인 형상이 S자 형태인 산호초 지대다.

휘트선데이 제도와 인근의 산호섬에서 가장 손쉽게 접할 수 있는 것은 어류다. 우아한 몸놀림으로 산호초 사이를 질주하는 버터플라이 피쉬, 화려한 색채를 지닌 에인젤피쉬, 부리가 나온 코랄피쉬, 자라돔, 슐츠 실고기 등 산호초 주변에서 서식하는 어류들은 매우 아름다운 색상을 띠고 있다. 열대의 물고기들이 유영하는 물 속에 뛰어드는 순간 자신도 역시 바다의 일부가 된다. 신비로운 그레이트 배리어 리프에서 체험하는 스노컬링과 스쿠버 다이빙은 너무나도 근사하다.

일상에서 지친 몸과 마음에 활력을 불어 넣기 위해, 오랫동안 가슴속에 담아둘 추억을 만들기 위해, 현재의 삶과 기억 속으로부터 자유롭기 위해, 그리고 멋진 로맨스를 찾기 위해 오늘도 사람들은 여행을 떠난다. 이상의 세계를 찾아 여행 가방을 꾸리고 있는 목마른 당신이라면 세계자연유산으로 지정된 그레이트 배리어 리프 지

해밀턴 섬과 그레이트 배리어 리프 지역이 자리잡고 있는 퀸즈랜드 주의 깃발.

역의 해밀턴과 헤이만 섬, 혹은 휘트선데이 제도로 떠나보시길. 그곳은 산호 위의 파라다이스다.

여행정보
HAMILTON ETC.

MAP

1 인천 … 브리스번 대한항공 직항 9시간 30분
2 브리스번 … 해밀턴 섬 국내선 항공기 2시간
3 해밀턴 섬 … 헤이만 섬 호텔 전용 유람선 1시간 30분
   해밀턴 섬 … 휘트선데이 제도 경비행기로 30분, 선박으로 1시간 30분

● **찾아가는 길** _ 인천에서 대한항공을 이용하여 브리스번까지 이동한 후 국내선 항공기를 이용하여 해밀턴 섬으로 이동하면 된다. 인천에서 브리스번까지는 9시간 30분이, 브리스번에서 해밀턴 섬까지는 2시간이 소요된다. 헤이만 섬에 가려면 해밀턴 섬에서 호텔 전용 유람선을 타야 한다. 소요시간은 1시간 30분. 휘트선데이 제도의 섬으로 가려면 경비행기와 선박을 이용할 수 있는데 경비행기로 30분, 선박으로는 1시간 30분이 소요된다.

● **숙박** _ 호텔과 빌라, 방갈로 같은 숙박시설이 자리 잡고 있어 원하는 곳에서 투숙이 가능하다. 헤이만 섬의 경우는 미리 예약을 해야 한다. 해밀턴 공항과 헤이만 호텔 사이를 운행하는 전용 보트가 대기하고 있어 투숙객은 누구나 편안하게 헤이만 섬으로 들어갈 수 있다.

● **주변 볼거리** _ 항공기 투어와 유람선 투어가 가장 볼 만하다. 항공기 투어의 경우 그레이트 배리어 리프 지역을 둘러보는 여러 코스가 개설되어 있다. 짧은 코스는 경비행기로 주변을 둘러보는 것이 전부이고 장시간 투어의 경우 중간 기착지에서 점심 시간과 휴식시간을 갖는다. 유람선 투어는 작은 섬에서 휴식과 레저를 즐기는 것이 가능하다.

● **여행하기 가장 좋은 때** _ 남반구의 봄과 여름에 해당되는 9~3월 사이가 최적. 편안한 휴식을 원하는 경우라면 4~8월 사이도 좋다.

● **우편 정보** _ 해밀턴 섬과 헤이만 섬에서는 아주 편리하게 우편엽서를 보낼 수 있다. 엽서를 판매하는 상점과 호텔에서 편리하게 우편물을 처리해 주고 있어 아무런 불편이 없다.

● **통용화폐** _ 오스트레일리아 달러를 사용. 출국 전에 미리 환전을 하는 것이 절대 유리하다. 신용카드 사용도 편리하다.

● **비자** _ 원칙적으로 비자가 필요하나 항공권으로 대신하고 있어 여행에는 불편이 없다.

복잡한 생각들은 모두 잊고 멀리 수평선을 바라본다.
구름을 바라본다. 파도를 바라본다.
야자수 그늘을 바라본다. 해변을 바라본다.
산호초를 바라본다. 바다를 유영하는 열대어들을 바라본다.
스르륵! 일상에 지친 몸과 마음이 녹아내리는 소리가 들린다.

postcard from AUSTRALIA

지친 마음을 내려놓는 숲
태즈메이니아 야생지대

다양한 야생화와 나무가 어우러진 태즈메이니아의 들판.

from Tasmania

봄에서 여름으로 넘어가는 시즌인데도 크레이들 봉우리에는
아직도 눈이 제법 남아 있네. 늘 한결같은 태즈메이니아의 풍경을 접할 때마다
여전히 변함없는 내 주변의 좋은 사람들이 많이 생각이 나.
우리가 알게 된지도 벌써 17년이 지났군. 시간이 흐르면서 모습은 변했지만
자네의 여리고 착한 마음은 여전히 한결같지. 그 고운 마음이 생각나서
오늘 엽서 한 장 띄운다. 신랑에게도 안부 전해줘.

- 태즈메이니아의 자연처럼 늘 한결같은 서혜경 님께.

사계절이 공존하는 원생대의 숲

「태즈메이니아 야생지대Tasmanian Wilderness」를 여행하기 위해 공항에서 렌터카를 대여한 나는 지도를 접하는 순간 갈등 속으로 빠져들었다. 면적이 너무 넓어 어느 곳을 먼저 방문해야할지 쉽게 결정할 수 없었기 때문이다. 세계유산으로 지정된 태즈메이니아 야생지대는 「크레이들 산 국립공원」과 「세인트클레어 호수 국립공원」을 중심으로 「마운트 필드 국립공원」, 「사우스 웨스트 국립공원」, 「와일드 리버 국립공원」으로 이루어져 있는데 이 다섯 곳의 국립공원은 저마다 독특한 생태계를 보존하고 있는 곳으로 잘 알려져 있다.

우선 「마운트 필드 국립공원」으로 향하기로 했다. 자동차로 10여 분쯤 달리자 잡지와 그림엽서에서 보았던 풍광들이 눈앞에 펼쳐지기 시작한다. 평화로운 목장과 농장지역을 2시간 남짓 더 달려서 마주한 마운트 필드 국립공원은 원생대의 모습이 어떤 것인지를 잘 보여주고 있었다. 아한대성 다우림 지역에 속해있는 마운트 필드 국립공원은 한 지역에서 사계절을 모두 느낄 수 있는 장소다. 공원 입구와 낮은 구릉지역은 봄과 여름이 공존하는 듯한 분위기를 연출하고 있으며, 중간지대에는 가을이, 그리고 1000m가 넘는 곳에는 눈보라가 휘날리고 있다.

마운트 필드 국립공원을 관람할 수 있는 방법은 두 가지가 있다. 하나는 자동차를 타고 국립공원의 주요 지점을 둘러보는 것이고 다른 하나는 직접 걸어서 둘러보는 방법이다. 전자의 경우 공원의 전체적인 분위기를 살펴보는데 적합하나, 보다 자세한 생태계와 공원의 진면목을 살펴보기에는 후자가 좋을 것 같아 나는 트레킹 코스를 선택하였다.

국립공원 관리소에 비치되어 있는 출입자 명부에 이름을 기록하고 트레킹을 시작한지 1시간, 지금까지 보았던 것과는 전혀 다른 나무들이 시야에 들어온다. 커다란 유칼립투스 나무에 매달려 잠을 자는 코알라도 보이고 화려하고 멋진 외모를 자랑이라도 하듯 나뭇가지 사이를 옮겨 다니는 크고 작은 새들도 보인다.

수만 년 전 원주민의 생활상을 엿볼 수 있는, 돌이나 뼈로 만든 생활도구를 비롯하여 지금은 박물관에서나 볼 수 있는 암각화에 이르기까지 마운트 필드 국립공원의

목장일을 하고 있는 소년. 이곳의 아이들은 대부분 집안일을 돕는다.

위 사우스 웨스트 국립공원에서 한적하게 풀을 뜯고 있는 양떼.
아래 아빠와 함께 하는 산책이라 그런지 아이의 발걸음이 경쾌하다.

자랑거리는 참으로 많다. 그 중 가장 돋보이는 것은 역시 태초의 모습을 고스란히 간직한 자연이다. 나무에 관한 지식이 전혀 없는 나도 한 눈에 구분할 수 있을 정도로 다양한 나무들로 가득 차 있다. 오스트레일리아를 대표하는 유칼립투스와 황금색을 띄고 있는 골드트리, 너도밤나무와 태즈메이니아 삼나무, 그리고 여러 종류의 양치식물 등은 자연을 사랑하는 방문객을 흥분의 도가니로 몰아넣기에 충분해 보였다.

자연의 일부가 되어

마운트 필드 같은 내륙지역이 야생동물과 독특한 나무를 접할 수 있는 곳이라면 호수지역은 태즈메이니아의 아름다운 풍광을 체험할 수 있는 장소다. 인류유산지역에는 수십 개에 이르는 호수가 여러 곳에 산재되어 있으나, 그 중 옛 모습을 가장 잘 보존하고 있다는 「세인트클레어 호수」를 관람하기 위하여 나는 호수 입구에 있는 작은 호텔에 짐을 풀었다. 짐을 정리할 틈도 없이 호수를 한 번 둘러볼 생각으로 자동차를 몰고 나갔지만 계속 비가 내리는 바람에 어쩔 수 없이 내일을 기약하며 발걸음을 돌릴 수밖에 없었다. 봄에서 여름으로 넘어가는 시즌이었지만 「세인트클레어 국립공원 지역」은 생각보다 훨씬 추웠다.

십여 개의 방이 전부인 아담한 호텔에서 투숙하는 모든 손님이 함께 모여 저녁식사를 했는데, 이 고장의 독특한 음식과 산촌 사람들의 푸근한 인심, 그리고 여행객들 사이에 다양한 정보를 공유하는 유익한 시간이었다. 오스트레일리아가 아니면 절대로 맛볼 수 없는 「캥거루 스테이크」는 부드럽고 담백했다. 식사를 마친 후에는 향기가 일품인 태즈메이니아산 커피를 마셨다. 투숙객에게 자세한 정보를 제공하는 주인장의 모습을 보면서 마음이 넉넉한 옛 벗들을 떠올리기도 했다.

저녁식사를 마친 후 이야기를 나누던 주인장이 나에게 준 소중한 선물은 새벽에 호수에 나가면 고니와 조류를 만날 수 있다는 정보였다. 고니와의 만남을 기대하며 밤을 보낸 나는 먼동이 트기도 전에 자동차를 몰고 호수로 향했다. 얼마쯤 시간이 지났을까? 가파른 산을 넘어 모습을 드러낸 아침 햇살이 바다처럼 넓은 호수를 비추자, 눈부신 햇살에 놀란 고니들이 멋진 자태를 드러내며 날아가기 시작한다. 나는 심호흡을 하고 셔터를 연신 눌러대었다. 그리고 잠시 휴식을 취하기 위해 호수 주변을 걸었다. 조금 차갑게 느껴지는 공기가 무척 상쾌했고 청정한 호수에서 보았던 일출은 과히 환상적이었다.

세인트클레어 호수의 진면목을 관람하기 위하여 투어에 참가하기로 했다. 안내인과 함께 작은 보트를 타고 호수 주변을 둘러보았는데 하루에도 수십 번씩 비와 햇살이 교차하는 날씨는 수시로 무지개를 만들어 내고 있었으며, 울창한 숲은 마치 원생대로 들어 온 듯한 착각을 일으켰다. 끝없이 펼쳐진 고원, 크고 작은 늪지대, 시냇가… 세인트클레어 호수는 일상에 지친 몸과 마음을 잠시 동안이나마 잊고 자연의 일부가 되게 해주었다.

세인트클레어 호수지역에서 자동차를 타고 다섯 시간쯤 달리면 만날 수 있는 크레이들 산 국립공원은 빙하, 나무, 양치식물 그리고 베네트 왈라비 같은 동물을 볼 수 있는 지역이다. 나는 늘 했던 것처럼 크레이들 산 국립공원 안에 숙소를 잡고 며칠 동안 주변을 돌아다니며 촬영을 했다. 하얀 눈으로 덮여 있는 크레이들 산, 숲과 어우러진 트레킹 루트, 영롱하고 신비로운 모습을 간직한 도베 호수, 마치 물감으로 색을 칠해 놓은 듯한 유칼립투스, 크고 작은 습지 등.

고도에 따라 전혀 다른 꽃을 접할 수 있는데 눈에 보이는 모든 야생화는 한결같이 크고 색상이 화려하여 조화처럼 느껴지기도 한다. 캥거루와 비슷한「베네트 왈라비」와「이스턴 퀄」, 태즈메이니아에 서식하는 유일한 야행성 포유류인「태즈메이니아 데빌」도 어렵지 않게 볼 수 있다. 행운이 따라 준다면 베네트 왈라비 같은 야생동물을 사진기에 담는 것도 가능하다.

태즈메이니아 세계유산지역에는 위에서 언급하지 않은「사우스 웨스트 국립공원」과「와일드 리버 국립공원」이 포함되어 있는데, 두 국립공원은 펠리컨 등의 조류를 비롯하여 독특한 색상의 꽃과 해양성 식물 등 흥미로운 생태계를 접할 수 있는 곳으로 특히 바다와 강이 어우러진 풍경이 멋지다.

멋진 풍광을 사진기에 담기 위하여 아무 생각 없이 빗속에서 몇 시간씩 기다렸

환상적인 풍경을 연출하고 있는 태즈메이니아의 아침.

던 순간, 진한 커피 향을 사이에 두고 만났던 자연을 사랑하는 사람들, 이른 아침 고니와 한 마리의 펠리컨을 사진기에 담으면서 느꼈던 흥분과 희열. 태즈메이니아에서 보낸 2주일은 나의 영혼을 따뜻하게 만들어 주었으며, 자연과 인간이 하나임을 새삼 깨닫게 해준 소중한 시간이었다.

여행정보
TASMANIA

1 인천 ⋯ 시드니 아시아나 또는 대한항공 직항 10시간
2 시드니 ⋯ 호바트 국내선 항공편 2시간
3 호바트 ⋯ 야생지역 렌터카 5시간

● **찾아가는 길** _ 오스트레일리아의 관문에 해당되는 시드니까지 직항으로 운행되는 아시아나 혹은 대한항공을 이용한 다음, 시드니에서 국내선으로 갈아타고 가는 방법이 가장 편리하다. 인천에서 시드니까지는 10시간, 시드니에서 태즈메이니아의 주도인 호바트까지는 2시간이 소요된다. 야생지역은 섬의 여러 구역에 흩어져 있으며 가장 유명한 크레이들 산 지역까지는 공항에서 렌터카를 이용하는 것 외 특별한 방법이 없다. 약 5시간 소요.

● **숙박** _ 고급 로지를 중심으로 아담한 호텔과 민박집, 캠핑장이 다수 자리 잡고 있어 원하는 숙소에서 투숙이 가능하다. 고급 로지의 경우 사전 예약이 필수이며 가격도 꽤 비싸다.

● **주변 볼거리** _ 호바트와 감옥 유적지로 이름 높은 포터 아서가 볼 만하다. 호바트 최고 명소는 살라망카 지역으로 매주 토요일에 열리는 노천시장과 작가들의 작품세계를 직접 확인할 수 있는 갤러리가 유명하다. 포터 아서는 영국에서 죄를 짓고 온 죄수들을 수감했던 장소로 주변에 조성된 주택과 아름다운 정원 등 흥미로운 곳이 즐비하다.

● **여행하기 가장 좋은 때** _ 태즈메이니아의 최고 여행 적기는 여름에 해당되는 11~1월이고 겨울에 해당되는 5~8월 방문하는 경우 반드시 방한복을 준비해야 한다.

● **우편 정보** _ 태즈메이니아는 몇 곳의 도시를 제외하고는 아주 작은 마을로 구성되어 있기 때문에 우체국을 찾기가 쉽지 않다. 하지만 야생지역에는 고급 로지가 많아 어렵지 않게 엽서와 편지를 보낼 수 있다.

● **통용화폐** _ 오스트레일리아 달러를 사용하고 있으며 신용카드를 사용하는데 아무런 불편이 없다.

● **비자** _ 원칙적으로 비자를 받아야 하나 항공권으로 대치하고 있어 여행에는 불편이 없다.

끝없이 펼쳐진 고원, 크고 작은 늪지대, 원생대의 울창한 숲…
태즈메이니아에서 나는 일상에서 지친 마음을 잠시 내려놓았다.

postcard from **AUSTRIA**

알프스 속에 숨어있는 동화 같은 휴양지
제필드 인 티롤

알프스 산자락에 자리 하고 있는 제필드 인 티롤의 전경

from Seefeld in Tirol

방금 전 나는 설원의 도시 인스브루크로 향하는 길목에 해당되는 제필드 인 티롤에 내렸어.
알프스가 바라다 보이는 민박집 발코니에 앉으니 15년 전 함께 여행을 했던 자네가 떠오르는군.
우리 여행 팀에서 가장 낭만적인 정서를 간직했던 소녀 말이야.
그림처럼 아름다운 산촌마을 제필드 인 티롤의 풍경이 풋풋한 새내기 대학생이던
그때 모습과 많이 닮아 있는 것 같다. 참, 이제는 교수님이라 불러야 하나?

- 낭만을 먹고 사는 영원한 소녀 김학희 님께.

우리에게는 아직 낯선 제필드 인 티롤

알프스의 허리 자락에 있는 티롤왕국. 그들의 땅은 인접한 다른 지역과는 별개의 세상이라 느껴질 만큼 독특한 문화를 갖고 있다. 티롤왕국의 수도이자, 오늘날 티롤 주州의 중심 도시인 설원의 고장 인스브루크에서 기차와 자동차를 타고 반 시간 쯤 달리면 「제필드 인 티롤Seefeld in Tirol」이란 아주 평범해 보이는 알프스의 산촌마을을 만날 수 있다. 남부 독일과 얼굴을 마주하고 있는 제필드 인 티롤에 들어서면 제일 먼저 느끼게 되는 것이 푸근함이다. 역에서 만난 승무원이나 짐을 운반하는 짐꾼이나 모두 이웃집 아저씨처럼 포근하게 방문객을 맞아준다.

마을에 들어서서 가장 먼저 접하게 되는 것은 「1500」이란 숫자. 바로 사인보드에 표시된 고도이다. 즉 해발 1500m에 위치한 마을이란 얘기다. 하지만 넓게 펼쳐진 설원과 옹기종기 모인 목조 건축물들이 주는 느낌 때문인지, 제필드 인 티롤은 아무리 보아도 고산지대의 산촌 같지가 않다.

알프스를 배경으로 위치한 마을들의 공통점은 어느 곳에서나 멋지고 아름다운 풍경 속에서 편안하게 휴식이나 레저를 즐길 수 있다는 것이다. 그런 측면에서 본다면 제필드 인 티롤 또한 다른 곳과 비슷하다. 아니, 인구는 2000여 명이지만 손님을 위한 침대 수는 8000여 개나 되는 제필드 인 티롤을 관광과 떼어 놓고서는 이야기를 할 수 없다.

관광산업이 마을의 주 수입원일 정도로 유명지인 제필드 인 티롤은 아직 우리에게는 조금은 덜 알려진 편이다. 특별히 커다란 행사를 개최하거나 떠들썩하게 홍보를 하지 않기 때문일 수도 있다. 그러나 아마도 가장 큰 이유는, 제필드 인 티롤은 자연을 사랑하고 푸근한 인심이 그리운 사람들이 잠시 머물다 조용히 떠나는 얌전한(?) 휴양지이기 때문에 그간 요란한 호사가들의 입소문을 덜 탈 수 있었던 것이 아닌가 싶다.

제필드 인 티롤에서는 계절에 따라 각기 다른 레포츠를 즐길 수 있다. 하지만 알프스 산촌의 분위기를 제대로 만끽하려면 역시 겨울이 최적이다. 워낙 여러 곳에 스키장이 만들어져 있기 때문에 마을이 하나의 커다란 스키 리조트와 같다. 자신이

온통 눈으로 가득한 제피트 인 티롤의 겨울.

머무는 곳이 곧 스키캠프이고 집이나 호텔을 나서는 즉시 스키를 즐길 수 있다. 적설량에 따라 다르긴 하지만, 겨울 시즌에는 대부분 이동을 하려면 스키를 타야하기 때문이다.

스키가 일상화되어 있는 마을답게 어른들은 물론이고 이제 갓 뗄 수 있는 아이들도 스키를 탄다. 아주 어린 시절부터 교육을 받았기 때문에 모두 능숙하게 스키를 잘 탄다. 제필드 인 티롤에는 다양한 스키 교육 기관이 있어 누구나 손쉽게 스키를 배울 수 있다.

또한 스케이트장과 스노보드장 등 여러 가지 겨울 스포츠를 즐길 수 있는 공간도 마련되어 있어 누구나 원하는 곳에서 겨울 레포츠를 즐길 수 있다. 겨울 산행을 즐기기 위하여 제필드 인 티롤을 찾는 사람들은 마을 주변에 늘어선 수많은 석회암 바위산에서 산행을 즐긴다. 겨울 동안에는 큰 도로를 제외하고는 거의 모든 도로가 눈 속으로 사라져 버리기 때문에 이곳 사람들은 겨울에는 자동차 대신 스키와 썰매를 교통수단으로 사용한다. 그래서 마을의 행정기관에서는 스키와 썰매루트를 따로 만들어 두었다.

소박하고 정겨운 알프스 산촌마을

수많은 명소 중에서 제필드 인 티롤을 가장 상징적으로 나타낼 수 있는 것을 하나만 꼽으라면 누구나 주저 없이 선택하는 것이 바로 마을 외곽에 위치한 「제필드 교회」다. 엷은 연분홍색과 밝은 아이보리 색으로 꾸며진 제필드 교회는 참으로 예쁜 모습이다. 동서남북 어느 곳에서 바라보아도 비슷한 모습을 찾을 수가 없다. 교회 건물 자체의 모습 때문이 아니라 주변의 풍광이 전혀 다른 모습을 띠고 있기 때문이다.

교회 바로 앞 언덕에는 알프스 지역에서는 보기 드문 매우 이색적인 유적지가 하나 있다. 흔히 「작은 스톤헨지」라는 애칭으로 불리는 곳이다. 영국의 스톤헨지 거석 유적지처럼 커다란 돌들이 둥근 원을 이루고 있는데, 이런 모양은 유럽의 섬 지방에서나 간혹 볼 수 있는 것이다. 이 거석유적지는 알프스의 다른 지역하고는 확연히 다

제필드 인 티롤의 호텔 앞에서 손님을 기다리고 있는 마부와 관광용 마차.

주인의 직업을 쉽게 알 수 있도록 집을 꾸며 놓았다.
이곳은 이 마을 사냥꾼의 집으로 1797년에 지어졌다고 한다.

이 집 주인은 조각가이자 목수인가보다.

른 분위기를 연출하고 있다.

　제필드만의 독특한 매력을 좀더 확실하게 느껴보고 싶다면 호텔 대신「가스트 짐머」에 머물러 보길 바란다. 가스트 짐머란 가정에서 사용하지 않는 빈 방을 대여해주는 숙박시설, 즉 일종의 민박집을 이르는 말이다. 근검절약이 몸에 밴 사람들인 만큼 조금이라도 여유 있는 공간은 그냥 두지 않고 생활에 보탬이 되도록 이용하고 있는 것이다. 가스트 짐머는 편의시설 면에서는 고급 호텔과 비교할 수 없다. 하지만 한결같이 깨끗하게 꾸며진 방에서 아침저녁으로 안주인의 정성이 가득 담긴 음식을 대접받을 수 있다. 게다가 알프스 산촌 사람들의 삶을 가까운 거리에서 살펴보기에는 이것만큼 좋은 방법이 없다.

　제필드 인 티롤은 마을 전체가 민속박물관을 연상시킬 정도로 매우 잘 가꿔져 있다. 기념품을 판매하는 상점이나 호텔은 물론이고 관광산업과 전혀 관련이 없는 가정과 목장도 마치 꽃가게인양 장식해 놓았다. 제필드 주민들이 이토록 정성을 다하여 꽃을 가꾸고 집안과 마을을 아름답게 꾸미는 이유는 꽃과 함께 하는 생활 습관 때문이다. 꽃을 가꾸고 마을을 단장하는 각 가정의 작은 정성이 모여 제필드 인 티롤을 세계적인 휴양지로 만들었다고 말해도 과언이 아니다.

　상점이나 가정집 입구에 선조 혹은 본인들의 직업을 알리는 그림이나 조각품을 장식해 누구나 집주인의 직업이나 주변 환경을 쉽게 이해할 수 있도록

제필드 인 티롤의 마을에 있는 스키학교에서 스키를 배우는 어린이들

해놓은 것도 특별한 볼거리를 제공한다. 골프와 뱃놀이 등 시즌마다 각기 다른 재미도 가득하다. 하지만 무엇보다 근사한 건 산촌마을의 전통과 따뜻한 마음씨를 그대로 간직하고 있는 이곳의 소박하면서도 우아한 주민들 아닐까.

여행정보
SEEFELD IN TIROL

MAP

1 인천 ⋯ 인스브루크 독일 프랑크푸르트 경유 14시간
2 인스브루크 ⋯ 제필드 인 티롤 기차, 렌터카, 버스 이용 35분
* 독일 뮌헨 ⋯ 제필드 인 티롤 기차, 렌터카 이용 2시간

● **찾아가는 길** _ 제필드 인 티롤로 가는 직항 편이 없어 독일의 프랑크푸르트를 경유해야 한다. 소요 시간은 14시간. 설원의 도시 오스트리아 인스브루크에서 기차와 렌터카, 버스를 이용하거나 맥주의 도시로 유명한 독일 뮌헨에서 기차와 렌터카를 이용하여 갈 수 있다. 인스브루크에서 제필드 인 티롤까지는 35분이 소요되고 뮌헨에서는 2시간이 걸린다.

● **숙박** _ 제필드 인 티롤은 산촌에 자리 잡고 있는 고급 휴양지로 전체 주민은 2000여 명에 불과하나 침대 수는 8000여 개나 되니 숙박에는 아무런 문제가 없다. 제필드 인 티롤의 숙박시설은 고급호텔부터 민박집에 이르기까지 매우 다양하다. 한 가지 특징이 있다면 하나같이 아담하고 정감이 넘친다는 사실.

● **주변 볼거리** _ 제필드 인 티롤은 마을과 인근 모두 휴식과 레저를 즐길 수 있도록 꾸며져 있다. 알프스를 배경으로 한 골프장은 마을 안에 개설되어 있다. 등산코스는 수백 개. 눈이 내리는 겨울 시즌에는 마을과 인근이 온통 스키장으로 활용된다. 산촌의 문화를 엿볼 수 있는 작은 박물관과 전시장도 마을 안에 있어 한 곳에서 많은 것을 보고 즐기는 것이 가능하다.

● **여행하기 가장 좋은 때** _ 최고의 여행 적기는 여름과 겨울이다. 여름에는 마을의 공원과 들판에서 야외 음악회와 흥미로운 산촌문화를 접할 수 있는 이벤트가 열린다. 겨울에는 마을이 온통 스키장으로 변하기 때문에 누구나 스키와 아름다운 알프스의 자연을 만끽할 수 있다.

● **우편 정보** _ 제필드 인 티롤에는 우편업무를 취급하는 곳이 많다. 우체국과 호텔은 말할 것도 없고 관광 안내소 같은 곳에서도 엽서와 우표를 판매하고 있어 매우 편리하게 우편 업무를 볼 수 있다.

● **통용화폐** _ 유로. 신용카드 사용도 매우 편리하다.

● **비자** _ 오스트리아는 무비자로 3개월 동안 여행이 가능하다.

관광산업이 마을의 주 수입원일 정도로 유명지인 제필드 인 티롤은 아직 우리에게는 조금은 덜 알려진 편이다. 특별히 커다란 행사를 개최하거나 떠들썩하게 홍보를 하지 않기 때문일 수도 있다. 그러나 아마도 가장 큰 이유는, 제필드 인 티롤은 자연을 사랑하고 푸근한 인심이 그리운 사람들이 잠시 머물다 조용히 떠나는 얌전한(?) 휴양지이기 때문에 그간 요란한 호사가들의 입소문을 덜 탈 수 있었던 것이 아닌가 싶다.

postcard from **JAPAN**

웰빙 여행의 진수
뉴토 온천지역

신비로운 분위기를 연출하는 다자와 호수의 아침 풍경

from Newto

우리 함께 온천 여행 했던 것 기억하지요?
저마다 독특한 분위기를 연출하고 있던 작은 온천을 찾아다니며 느꼈던 흥미로운 시간들을.
나는 지금 그때 왔던 뉴토 온천지역에서 옛 추억을 생각하며 엽서를 쓰고 있습니다.
당신의 구수한 이야기로 더욱 즐겁던 그 여행이 그립군요.
그나저나 눈이 이렇게 많이 오니 언제 이 엽서를 우체통에 넣을 수 있으려나.

- 온천수보다 더 마음 따듯한 지형훈 이사님께.

백 가지의 모습을 자랑하는 다자와 호수

온천수가 나오는 도시와 마을만도 2700여 곳에 이르며 그곳에 자리하고 있는 크고 작은 온천의 숫자를 파악하는 것조차 어려울 정도로 많은 온천이 있는 일본. 화산 덕에 어느 곳을 방문해도 어렵지 않게 온천을 접할 수 있는 섬나라 일본은 자타가 인정하는 온천왕국이다. 저마다 독특한 성분의 온천수와 분위기를 간직하고 있어 특정지역이 좋다고 말할 수는 없지만 눈의 고장으로 알려진 아키타 현의 「뉴토 온천지역」만큼 매력적인 곳도 드물다. 게다가 이 지역은 일본에서 단 두 곳뿐인 세계자연유산이 자리 잡고 있는 곳이다. 빼어난 풍광을 배경삼아 즐길 수 있는 독특한 온천욕과 서비스, 맛깔스러운 음식은 웰빙 여행의 진수가 어떤 것인지를 알려준다.

신비로운 온천왕국 아키타의 겨울은 어디가 산이고 어디가 마을인지 구분하기 어려울 정도로 온통 눈으로 덮여있다. 동북 지방의 관문 중 한 곳인 아키타 공항을 뒤로하고 백 가지의 모습을 자랑한다는 「다자와 호수」로 연결된 도로를 따라 가면서, 안내해주던 일본인 친구 후지하라 씨에게 "스톱!"이란 소리를 얼마나 많이 했는지 모른다. 자동차 높이보다 더 높게 쌓인 눈 위에 올라 바라본 풍경, 하얀 눈을 한 아름 안고 있는 너도밤나무 숲, 눈 속에 파묻혀 있는 주택, 잠시도 틈을 주지 않고 내리는 함박눈. 나는 설국 속에 있었다.

드디어 다자와 호수에 도착. 실오라기 하나 걸치지 않은 맨몸으로 나를 반겨주는 「다츠코 동상」이 보인다. 다츠코는 이 호수를 지키는 용이 되었다는 전설 속에 등장하는 소녀의 이름이다. 호수를 감싸고 있는 웅장한 산, 하늘을 옮겨 놓은 듯한 물빛, 그리고 아름다운 몸매로 관람객을 유혹하는 호수의 상징 다츠코 동상은 항상 그랬듯이 나를 설레게 만든다. 얼마 동안 정신없이 사진을 촬영하는데 귓전에 유진 씨 목소리가 들린다. "선생님, 위험해요! 너무 깊게 들어가지 마세요!"

참, 동행했던 임유진 씨와 후지하라 씨를 잠시 소개해야겠다. 이 두 사람은 지인들을 통해서 처음 만났다. 먼저 알게 된 후지하라 씨는 나보다 몇 살 아래이다. 아키타가 고향인 그는 도쿄의 명문대학을 졸업하고 고향에서 공무원으로 일을 하고 있다. 일본인답지 않게 한국을 잘 이해하고 사랑하는 후지하라 씨를 알게 된 지도

일본 온천을 알리는 포스터에 단골로 등장하는 뉴토 온천지역의 츠루노유 온천.

벌써 5년이나 되었다. 아키타를 찾을 때면 어김없이 나타나 나의 입과 귀가 되어 주는 유진 씨를 알게 된 것은 3년이 조금 넘는다. 둘 다 참 정겨운 여행 동지들이다.

가신데이 시라하마 온천 료칸

우리 세 사람을 태우고 호숫가를 달리던 자동차가 정차한 곳은 뛰어난 수질을 자랑하는 온천 료칸 「가신데이 시라하마 花心亭しらはま」. 이곳은 수천 군데에 이르는 일본의 온천 숙

박시설 가운데서도 서비스가 좋기로 손꼽힌다. 뛰어난 음식 맛에, 전통문화까지도 경험할 수 있어서 더욱 명성이 자자하다. 가신데이 시라하마 온천에서 가장 먼저 제공되는 서비스는 역시 차※다. 기모노를 입은 「유우코」라는 종업원이 짐을 옮겨놓고, 우리 일행이 차를 다 마실 때까지 기다렸다가 방으로 안내해 주었다. 그리고 부대시설 이용법을 하나하나 직접 행동으로 시범을 보이며 설명해 준다.

고급 온천답게 가신데이 시라하마에는 다양한 온천욕장과 휴식공간이 갖추어져 있다. 온천탕도 실내와 노천탕이 4곳이나 갖추어져 있어 원하는 곳을 선택하여 자유롭고 편안하게 심신에 쌓인 피로를 말끔히 풀 수 있다. 가족이나 친구들만이 온천욕을 즐길 수 있도록 따로 마련해 놓은 가족탕도 있다. 누구나 원하는 시간에 예약하면 가족탕을 이용할 수 있다. 다섯 명 정도 함께 온천을 즐길 수 있는 탕과 독립된 휴식공간이 따로 마련되어 있어 개인적인 휴식을 원하는 사람들에게 더없이 인기가 좋다.

가신데이 시라하마 온천 료칸의 빼놓을 수 없는 자랑거리 중 하나가 음식이다. 일본에서는 어느 온천의 숙박시설이나 독특한 요리를 제공하고 있는데, 가신데이 시라하마에서는 농약을 사용하지 않은 순수한 재료만을 엄선하여 음식을 만들어 손님상에 올린다. 물론 음식이 준비되면 주인(오카미)이 직접 손님방을 찾아 맛있게 드시라는 인사도 빼놓지 않는다. 오카미와 종업원들의 친절함에 몸 둘 바를 찾지 못할 정도다.

혼욕을 즐길 수 있는 츠루노유와 가니바

가신데이 시라하마 온천 료칸에서 하루를 묵은 다음 날. 우리 일행은 만찬에 가까운 아침을 먹고 다자와 호가 내려다보이는 산 속에 터를 잡고 있는 온천으로 방향을 잡았다. 밤새 내린 눈이 족히 몇 십 센티미터는 되어 보이는 산길을 어렵게 운전하던 후지하라 씨에게 다시 "스톱"을 서너 차례 외

위 츠루노유 온천을 찾은 손님이 온천욕을 즐기기 위하여 이동하는 모습.
아래 젊은 남녀가 츠루노유 노천탕에서 온천욕을 즐기고 있다.

친 후 뉴토 온천 지역에서 가장 낭만적인 「츠루노유鶴の湯」에 토착할 수 있었다. 「가니바 온천」과 함께 뉴토 온천 지역을 대표하는 츠루노유는 일본 온천을 알리는 포스터에 어김없이 등장할 정도로 유명하다. 츠루노유 온천의 최고 자랑거리는 남녀가 함께 하는 혼욕탕이다. 누구나 편안하게 휴식을 취할 수 있는 츠루노유 온천수는 연한 연두색을 띄고 있는데, 주변의 산과 어우러진 풍광이 너무나 아름다워 젊은층에서 특히 선호한다고 알려져 있다. 나 역시 이런 흥미로운 점 때문에 츠루노유를 자주 찾아 사진도 촬영하고 온천도 즐긴다.

그런데 사실 츠루노유 온천에서 남녀를 함께 사진으로 담는 것은 생각보다 그렇게 쉽지는 않다. 자신의 사생활을 공개하는 것을 좋아할 사람이 어디 그리 많겠는가. 그래서 나는 늘 온천에 들어가 온천욕을 즐기면서 사람들과 먼저 이런 저런 이야기를 나눈다. 그러다가 사진촬영을 부탁한다. 그러면 다행히도 대부분 허락을 해 준다. 나는 여러 차례 이런 방법을 동원하여 사진 촬영에 성공했다(!).

뉴토 온천향의 또 다른 명소인 「가니바 온천蟹場温泉」은 환상적인 경치를 배경으로 한 노천탕이 유명하다. 츠루노유 온천에서 자동차로 10분쯤 이동하면 산 속에 있는 가니바 온천을 만날 수 있다. 가니바 온천의 풍광은 마치 동화의 무대를 연상시킨다. 시선에 잡히는 것이라고는 커다란 나무와 눈 사이로 얼굴을 내밀고 있는 파란 하늘뿐. 가니바 노천탕은 남녀노소를 불문하고 모든 사람들이 함께 즐길 수 있는 혼욕탕이다. 이 노천탕은 숙소로 사용하는 건물과 200여 미터나 떨어진 산 속에 자리 잡고 있어 둘만의 시간을 보내려는 청춘남녀에게 특히 인기가 높다.

가고시마의 이부스키 온천향부터 홋카이도의 노보리벳스 온천에 이르기까지 일본 50여 지역의 온천을 100곳 이상 둘러본 나에게 개인적으로 가장 멋진 온천을 추천하라면 나는 주저 없이 말한다. "츠루노유, 가니바, 그리고 가신데이 시라하마 온천 등이 있는 아키타에 꼭 가보세요. 뉴토 온천지역 말이죠. 그곳, 물(?) 참~ 좋아요." 정말이다. 수질도 좋고 사람들도 참 좋다.

여행정보
NEWTO

1 인천 ⋯ 아키타 대한항공 직항 2시간
2 아키타 ⋯ 뉴토 온천 지역 렌터카, 버스, 택시, 점보 택시 1시간 30분~2시간

● **찾아가는 길** _ 뉴토 온천 지역으로 가려면 인천에서 아키타까지 직항으로 운행하는 대한항공을 이용한 다음, 공항에서 뉴토 온천까지 운행하는 점보 택시와 택시, 렌터카, 버스 등을 이용하면 된다. 인천에서 아키타까지는 항공기로 2시간이 소요되며 뉴토 온천 지역과 가신데이 시라하마 료칸까지는 렌터카와 버스, 택시, 점보 택시로 1시간 30분에서 2시간이 소요된다.

● **숙박** _ 뉴토 온천 지역에는 숙박 시설이 잘 갖춰져 있으니 전혀 걱정할 필요가 없다. 하지만 숙박요금이 시설이나 서비스에 따라 차이가 상당히 많다. 대표적인 고급 료칸에 해당되는 가신데이 시라하마 료칸의 경우 1인 기준으로 26000엔 수준. 일반적으로 1인 기준으로 12000~15000엔 수준이면 투숙이 가능하다. 이 지역 숙박시설의 특징은 저녁이 포함되어 있다는 것. 저녁 식사에 따라 숙박요금이 달라진다.

● **주변 볼거리** _ 뉴토 온천 지역의 최고 명소는 다자와 호수와 일본 최고의 너도밤나무 군락지로 알려진 시라카미산지다. 일본에서 가장 깨끗한 호수로 알려진 다자와 호수는 수심이 깊기로 유명하며 계절에 따라 연출되는 풍광 또한 환상적이다. 시라카미산지는 유네스코 지정 세계자연유산지역으로 너도밤나무 숲과 트레킹 코스 등이 유명하다.

● **여행하기 가장 좋은 때** _ 가을부터 봄 사이가 가장 좋다. 특히 눈이 많이 내리는 12~2월 사이는 아주 낭만적이다.

● **우편 정보** _ 일본에서는 원칙적으로 모든 우편물은 우체국에서만 취급하도록 되어 있으나 뉴토 온천지역의 고급 료칸에서는 대행서비스를 하고 있다.

● **통용화폐** _ 엔. 출국 전에 환전하는 것이 유리하다. 신용카드는 고급 료칸에서는 사용하는 데 불편한 점이 없으나 토산품이나 물건을 살 때는 현금이 훨씬 편리하다.

● **비자** _ 원칙적으로 비자가 필요하나 2005년 3~9월까지는 무비자로 여행이 가능하다.

밤새 쌓인 눈이 달빛에 반짝이는 밤,
노천탕에 몸을 담그고 벗들을 생각한다.
온천보다 더 뜨끈뜨끈한 내 정든 친구들은
지금 무얼 하고 있을까.
때밀이 수건으로 서로 등 빡빡 밀어주던
한국의 공중목욕탕이 괜히 살짝 그리워진다.

Jerusalem

Fes

Ryokan

Postcard 04

그곳에서
인생을 배우고

*222
Ngorongoro

*236
Machu Picchu

*246
Skagway

postcard from **ISRAEL**

뇌관을 품은 평화의 도시
예루살렘

예루살렘의 상징인 황금돔과 유대교 최대의 성지인 통곡의 벽.

from Jerusalem

지금 나는 저녁놀로 물들어 가는 예루살렘을 바라보고 있습니다.
한가로워 보이는 풍경이지만, 언제 총성이 들릴지 모르는 긴장감 또한
감돌고 있습니다. 역설적이게도 가장 평화를 상징하는 곳이 실은 가장 예민한 뇌관을
품고 있는 것 같군요. 서로를 경계하는 눈빛과 철저하게 신분을 확인하는 군인들….
신과 인간 사이의 빈자리가 더욱더 공허하게 느껴지는 무거운 밤입니다.

-예루살렘을 그리워할 송민희 님께.

더 이상 평화롭지 않은 평화의 도시

사실「예루살렘 Jerusalem」은 여유와 자유보다는 긴장과 스릴이 수반되는 여행지다. 9·11 테러 사건이 발생하기 이전까지만 해도「평화의 도시」라는 의미에 걸맞게 평온함이 감돌던 예루살렘이었지만, 잠시도 긴장을 늦출 수 없는 곳으로 바뀐 지도 벌써 2년이 넘었다. 이스라엘로 입국하기 위해서는 짜증스러울 정도로 많은 질문과 수화물 체크를 받아야한다. 입국 목적, 투숙할 호텔, 교통수단, 이스라엘에 거주하는 친구 혹은 알고 지내는 현지인에 이르기까지, 집요하게 던지는 똑같은 질문을 십여 차례나 받아 넘기고도 부족하여 가방에 있는 모든 짐을 서너 차례나 풀고 다시 꾸린 끝에 겨우 네덜란드 KLM항공기에 탑승할 수 있었다.

이스라엘의 관문에 해당되는「벤구리온 공항」을 빠져나가는 절차 또한 만만치 않았다. 항공기에 탑승할 때보다는 조금 수월했지만 또다시 비슷한 질문과 수화물 체크를 받은 다음에야 예루살렘으로 향할 수 있었다. 언제나 약간의 긴장이 감도는 이스라엘 여행이지만 이번은 그 정도가 훨씬 강하게 느껴졌다. 공항을 출발한 택시가 유대인 거주지역에 해당되는 신시가지로 접어들자 예사롭지 않은 광경이 시선에 잡히기 시작했다.

어깨에 총을 메고 어디론가 바쁘게 움직이는 군인, 검정 복장에 모자를 착용하고 발걸음을 재촉하는 랍비, 민간인 복장에 총을 들고 거리를 활보하는 민병대원의 모습에서 심상치 않은 기운이 느껴진다. 하늘 높은 줄 모르고 솟아 있는 빌딩 숲과 호텔이 늘어선 신도시를 지나 도착한「야포 게이트」. 예루살렘 구도심의 서쪽 끝에 있는 석조로 만든 이 문을 지나면 유네스코에서 지정한 인류문화지역이 시작된다.

예루살렘의 구도심으로 들어갈 수 있는 게이트는 총 여덟 개가 있다. 그 중에서 야포 게이트로 가장 먼저 향한 까닭은, 이스라엘 초대 왕이었던 다윗의 흔적을 비롯하여 흥미로운 유적지에 접근하기가 쉽고, 보름 동안 이용할 숙소가 불과 100m 거리에 위치하고 있기 때문이다. 야포 게이트 안쪽에 자리하고 있는 아담한 게스트 하우스「크라이스트 처치」에 짐을 풀기가 무섭게 택시를 잡아타고 달려간 곳은 예루살렘을 방문할 때면 늘 찾는「올리브 산」. 해발 825m에 이르는 올리브 산에 오르면 아름다운 고도古都 예루살렘이 훤히 내려다보인다.

불과 몇 해 전만 해도 올리브 산은 지구촌에서 방문하는 성지 순례자와 물건을 판매하는 아랍 청소년들로 붐비고 있었다. 그러나 테러와 보복 공격이 난무하고 있는 요즘 분위기는 썰렁하기 그지없다. 겨우 버스 한두 대에 나누어 타고 방문한 수십 명에 불과한 순례자와 그들에게 엽서, 나무로 만든 십자가, 아기 예수의 조각품 등을 판매하려는 소년들이 뒤를 따라 이동하며 외쳐대는 "텐 달러! 텐 달러!"라는 소리만이 올리브 산의 허공에 메아리치고 있을 뿐. 예전처럼 순례객들로 인산인해를 이뤘던 풍광은 찾아 볼 수 없었다.

기독교 성지에서 이슬람 성지로, 황금돔

올리브 산 정상에 위치한 「주기도문교회」와 「승천기념교회」를 둘러보고 예수께서 당나귀를 타고 예루살렘으로 입성했다는 길로 향했다. 예수께서 걸었던 길을 따라 조금 이동하면 「겟세마네 동산」에 터를 잡고 있는 독특한 양식의 종교 건축물들이 보인다. 각 국에서 모은 성금으로 건축한 「만국교회」를 뒤로 하고 이번에는 가파른 언덕길로 오르자 두 마리의 사자가 새겨진 「라이온 게이트」가 나온다. 이 커다란 게이트에 들어서면 이방인을 반기는 것은 스피커를 통해 울려 대는 코란. 중동과 북아프리카, 서남아시아 여행에서 자주 들었던 코란 소리지만 예루살렘에서 들으니 느낌이 새롭다. 독특한 음색이 흘러나오는 코란의 발원지를 찾아 도착한 「신전 언덕」. 그곳에 서면 위풍당당한 위용을 자랑하는 「황금 돔」이 보인다.

유대 청년들이 종교의식을 행하는 모습.

예루살렘에 거주하는 이슬람교도들이 수시로 찾아 메카를 향하여 머리를 숙이고 기도를 올리는 장소인 황금 돔은 참으로 많은 사연을 간직하고 있는 유적지다. 오늘날 「황금 돔」과 「엘 아크사 모스크」가 위치하고 있는 「모리야 언덕」의 주인은 이슬람교를 신봉하는 팔레스타인이지만, 십자군 원정 때까지만 해도 이곳은 유대교와 기독교의 성지였다. 하지만 이 지역은 예루살렘을 정복했던 「칼리프 압둘 마르크」가 황금 돔을 완성한 7세기 이후 이슬람 성지로 바뀌었다.

눈이 부시도록 화려한 황금색과 블루색 타일로 장식된 황금 돔에 서면 아주 흥미로운 광경을 접하게 된다. 사원에 입장하기에 앞서 수돗가에서 손발을 씻고 있는 이슬람교도들의 모습이 바로 그것이다. 그들은 언제나 기도에 앞서 현실에서 더럽혀진 귀와 손발을 물로 청결하게 씻은 후 자신들의 신 앞에 엎드려 기도를 올린다. 그 모습이 너무도 진지해서 옆에서 바라보는 나는 사진 촬영은커녕 꼼짝도 할 수 없었다.

유대인의 성지, 통곡의 벽

이슬람의 대표적인 성지인 모리야 언덕에서 작은 문을 지나면 유대교 최대의 성지인 「통곡의 벽」으로 이어진다. 좁은 계단을 통과하여 통곡의 벽으로 입장하려면 무장한 이스라엘 군인들이 실시하는 보안 검사에 공손하게 응해야한다. 그렇지 않을 경우, 통과는 고사하고 테러리스트나 불순한 사람으로 오해받아 곤욕을 치르는 경우도 종종 발생하기 때문에 가능하면 지시에 따르는 것이 현명하다.

전 세계에 흩어져 살고 있는 유대인의 정신적 고향으로 알려진 통곡의 벽 정경은 불과 100m 거리에 자리하고 있는 황금 돔과는 많이 다르다. 이슬람교도들은 황금 돔에 입장하기에 앞서 눈과 손발을 청결하게 씻고 기도를 드리지만, 유대인들은 총을 메고 「키바」라는 작은 모자를 착용한 상태로 기도를 올린다. 통곡의 벽을 찾아 기도를 올리는 유대인이라면 누구나 반드시 지참하는 용품이 있다. 그것은 바로 깨알만한 크기로 자신의 소원을 적어온 종이. 통곡의 벽을 찾은 모든 유대인들은 바위

비아 돌로로사 거리에 조각되어 있는 조각상. 이 길은 예수가 십자가를 메고 이동했던 곳이다.

틈 사이에 이 종이를 끼워 넣고 무엇인가를 열심히 중얼거린다.

    통곡의 벽은 가능하면 주말에 찾는 것이 좋다. 이유인 즉, 주말이면 이스라엘에 거주하는 유대인은 물론이고 멀리 외국에서 살고 있는 유대인까지 이곳을 찾아와 「성인의식」을 치르는 광경을 어렵지 않게 볼 수 있기 때문이다. 유대인이라면 누구나 치르는 이 행사는 그 해 성인이 되는 어린이가 가족과 친지들이 지켜보는 가운데 유대교의 성경인 「토라」를 낭독하고 유대인으로 지켜야할 의무사항을 서약하는 의식이다. 사진 촬영은 물론이고 이방인의 출입까지도 제한되기 때문에 나는 인근 건물 위로 올라가 사진을 찍고는 한다.

예루살렘의 구 도심에 있는 황금돔은 참 사연 많은 유적지다.

예수께서 생을 마감한 비아 돌로로사

구시가지 전체가 인류문화유산지역으로 선정된 예루살렘에서 절대로 빼놓을 수 없는 장소는 예수께서 십자가를 짊어지고 생을 마감한 「비아 돌로로사」와 성곽을 따라 자리하고 있는 유적지다. 예수께서 십자가를 짊어진 황금 돔 부근에서, 자신이 짊어지고 간 십자가에 매달려 처형된 「골고다의 언덕」에 이르는 비아 돌로로사는 예루살렘에서 가장 흥미로운 거리다. 비아 돌로로사에서 흔히 볼 수 있는 것은 골동품과 성화를 판매하고 있는 상점들이다. 수십 곳에 이르는 골동품 상점에서 거래되는 골동품과 유물들은 유대인과 기독교에 관련된 것인데 아이러니하게도 이런 물건을 판매하는 상인들은 모두 아랍인이다. 그 뿐만이 아니다. 비아 돌로로사 지역을 삶의 터전으로 이용하고 있는 주민들은 유대인이나 기독교인이 아니라 대부분 이슬람교를 숭배하는 아랍인이다. 과연 이 땅의 진정한 주인은 누구일까.

야포, 다마스쿠스, 라이온, 그리고 시온 게이트 등 8개의 문을 중심으로 이루어진 예루살렘의 성곽은 1시간 정도면 한 바퀴를 순례할 수 있을 정도로 작다. 하지만 각 구역마다 다른 신앙을 가진 주민들이 살고 있으며 삶의 방식 또한 뚜렷하게 구분되고 있다. 이슬람교를 숭배하는 아랍인들은 구시가지의 동쪽에 거주하고 있으며 유대교도들은 반대편에 해당하는 서쪽에 터를 잡고 산다. 그 중간 지점에는 기독교도들의 안식처가 위치해 있으니 예루살렘은 하나의 도시라기보다는 작은 나라들이 여러 개 모여 있는 연방국가에 더 가까울 것 같다. 어떤 곳이 더 좋다고 말할 수는 없지만 유대인과 기독교도들이 살고 있는 터전은 세련되고 깨끗한 반면에, 이슬람교도들이 모여 살고 있는 지역은 다소 낙후된 감이 없지 않다.

3000년의 역사를 자랑하고 있는 고도 예루살렘. 가장 평화롭고 아름다워야 할 성지이지만, 매일같이 테러와 그에 대한 보복으로 하루에도 수십 명의 사상자가 발생하는 이곳의 현실은 안타깝게도 전혀 그렇지 못하다. 평화의 도시가 진정 평화를 되찾을 그 날을 기원하면서 나는 다음 행선지를 향하여 가방을 정리하기 시작했다.

여행정보
JERUSALEM

1 인천 …▶ 예루살렘 방콕이나 홍콩, 중동이나 이집트, 유럽 경유 13~16시간 소요

● **찾아가는 길** _ 인천에서 예루살렘까지 직접 갈 수 있는 방법은 없다. 방콕이나 홍콩을 경유하는 방법과 중동이나 이집트를 경유, 그리고 유럽을 경유하는 코스가 있다. 소요시간은 조금 차이가 있으나 보통 13~16시간이 소요된다.

● **숙소** _ 고급 호텔은 대부분 유대인 거주지역에 해당하는 서쪽의 신시가지에 집중되어 있고 저렴한 숙소들은 구시가지에 해당하는 동쪽에 몰려있다.

● **주변 볼거리** _ 지금은 출입이 조금 어려운 베들레헴이 가장 매력적인 장소다. 아기 예수가 태어난 탄생교회를 필두로 목자들의 들판교회 등 성경과 연관된 명소와 팔레스타인 주민들의 질박한 삶을 엿볼 수 있는 시장 등 역사의 흔적으로 가득한 곳이다. 도시를 한바퀴 둘러보는 것만으로도 이스라엘의 복잡한 상황을 이해할 수 있다.

● **여행하기 가장 좋은 때** _ 예루살렘 여행의 적기는 봄에 해당되는 3~4월 사이.

● **우편 정보** _ 예루살렘에는 여러 곳의 우편 시설이 있으며 엽서는 상점이나 우체국에서 우표를 붙여 발송할 수 있다. 호텔에서도 서비스 해주는 곳이 많다.

● **통용화폐** _ 「셰켈」이라는 단위를 사용한다. 신용카드는 호텔이나 고급 상점에서 통용이 가능하나 일반 상점이나 재래시장에서는 사용할 수 없다. 미국 달러도 잘 통용된다.

● **비자** _ 무비자로 3개월 동안 자유롭게 돌아다닐 수 있다.

각기 다른 신들을 향한 기도가 오늘도 예루살렘을 가득 채운다.
이제 더 이상 평화롭지 않은 평화의 도시. 순례자들이 보이지 않는 순례자의 도시.
신과 인간의 거리는 멀고 우리의 삶은 아이러니하다.

postcard from **MOROCCO**

나지막한 산에서 바라본 옛 성곽 유적지. 마치 달동네 같아 오히려 정겹다.

인생처럼 엇갈린 미로의 도시
페스

from Fes

저는 이틀째 페스의 좁은 골목을
헤매고 다니는 중입니다. 드디어 골목이 끝나는가 싶었는데
금세 다른 골목이 또 이어지는군요.
"미로와 같은 페스의 골목을 흑백사진으로 담아내고 싶다"던
당신의 이야기가 떠오릅니다.
당신께서 렌즈에 담고 싶어 하시는 것은
실은 이곳의 골목처럼 어지럽게 엇갈린 우리의 인생이 아닐까,
방향을 잃고 서서 멋대로 생각도 해보았습니다.
언젠가 이 골목을 함께 걸을 날이 오겠지요?

-페스 여행을 꿈꾸고 계신 공정범 전무님께.

세계에서 가장 긴 골목길

아랍의 지배자들 사이에서 모로코는 일찍이 신비의 세계로 알려져 있었다. 대서양과 지브롤터 해협을 사이에 두고 유럽과 접해있는 모로코를 선망의 대상으로 생각했던 사람들은 비단 아랍인들뿐만이 아니었다. 페니키아, 그리스, 로마 등이 이 미지의 땅을 차지하기 위하여 끊임없이 피를 흘려야만 했다. 결국 최후의 승리자는 7세기 경부터 이 땅을 지배한 아랍인이었다. 모로코 최고의 고도高都이자 험준하기 그지없는 「미들 아트라스」 자락에 위치한 「페스Fes」. 그곳에 가면 미로처럼 엇갈린 골목 속에 터를 잡고 독특한 삶을 살아가는 사람들을 만날 수 있다. 고대의 사람들이 그렇게 소망했던 미지의 공간은 페스, 혹시 그곳이 아니었을까?

모로코에서 가장 큰 도시 카사블랑카에서 페스로 향하는 동안 창밖을 바라보았다. 온통 흙으로 이루어진 마을도 보이고, 갈대와 움막으로 만든 주거지에서 열심히 움직이는 주민들의 모습도 눈에 띈다. 몇 해 전, 영국 BBC 방송에서는 페스의 골목에 대해서 특집방송을 내보낸 일이 있었다. 처음 골목이 형성된 이야기부터 지구촌에서 가장 복잡한 골목도시로 발전하기까지의 과정을 다큐멘터리로 보여 주었다. BBC에서 전하는 페스 골목의 사연은 다음과 같다. 아주 오래 전 아무런 이유 없이 자연 발생적으로 크고 작은 건축물들이 들어섰고, 세월이 흐르면서 험준한 미들 아트라스 산맥의 중간지점에 자리 잡은 지정학적인 요인으로 인해 이곳은 여러 민족으로부터 침략을 받게 되었다. 그래서 빈번한 전쟁으로부터 생명과 재산을 보호하기 위해 자신들만이 알 수 있는 길을 만들기 시작했고, 그리하여 오늘날과 같은 골목길이 형성되었다는 것.

서기 809년 이드리스 2세에 의해 세워진 이드리스 왕국의 수도였던 페스는 아무리 살펴보아도 옛 수도보다는 달동네에 가깝다. 게다가 페스의 구도심은 생각했던 것보다 훨씬 복잡했다. 골목길이 끝났다고 판단한 나의 좁은 생각을 비웃기라도 하듯 새로운 골목이 사방으로 연결되어 있었다. 발걸음을 옮길 때마다 골목의 숫자는 기하급수적으로 늘어나 길을 걸을수록 점점 더 깊은 미궁 속으로 빠져든다.

구도시 전체가 미로와 같은 골목인 페스에서 산책을 하다보면 누구나 그 신비

페스의 가죽공장에서 염색 작업을 진행하는 광경.

로운 매력에 푹 빠져들게 된다. 골목이 얼마나 되기에 「세계에서 가장 긴 골목길」로 알려져 있을까. 궁금증이 발동하여 전형적인 아랍인 행색을 하고 있는 골동품상 무스타파 씨에게 골목의 총 길이를 물었다. 구도시의 반경은 2km에 불과하지만 골목 길이는 자그마치 70km란다. 도시 반경의 35배에 가까운 골목길. 혹시 내가 잘못들은 것이 아닐까? 의심스러운 표정으로 거듭 확인해 보았지만 돌아온 대답은 한결같다. 70km!

사진을 찍으려면 요금을 내!

페스의 또 다른 자랑거리는 「가죽」이다. 가죽공장이 훤히 내려다보이던 카페의 테라스에서는 쉽게 찾아갈 수 있을 것 같았는데, 정작 나서보니 미로의 도시에서 공장 입구를 찾는 일이 결코 쉽지 않았다. 꽤 오랜 시간동안 입구를 못 찾고 있던 내 앞에 「구원의 기사」가 나타났다. 모로코 전통 의상에 모자를 쓴 소년이었다. 이 소년은 내가 필요한 것이 무엇인지 한 순간에 알아보고 가죽공장으로 안내를 해 주겠다고 했다. 몇 시간 후 알게 된 것인데, 페스에는 사진기를 둘러맨 외국인들이 많이 찾아오고 그들은 대개 길을 헤매기 때문에 길 안내를 직업이나 부업으로 하는 소년과 청년들이 많다고 한다. 소년의 표정이 너무 맑고 순수해 사심 없이 믿고 따라나서던 나는 불과 5분도 지나기 전에 그의 손에 거금을 쥐어 주어야 했다. 그가 요구한 금액은 자그마치 30달러. 3달러도 아닌 30달러란 소리에 이유를 묻자 길을 안내해주는 정당한 수고료란다. 기가 차 얼마동안 말문을 열지 못했다. 하지만 조금이라도 빨리 사진을 찍고 싶었기에 나는 그에게 길 안내 비용을 지불할 수밖에 없었다. 여행을 하다보면 자주 있는 일이지만 왠지 착잡한 심정이었다.

돈을 건네준 나는 초라하고 허름해 보이는 공장 안으로 발걸음을 옮겼다. 공장에 들어서서 준비한 사진기로 피사체를 향해 초점을 맞추려고 하는데 이번에는 헤비급 덩치가 다가와 사진촬영 금지라며 접근조차 할 수 없게 앞을 막아선다. 그러고는 덩치가 던진 딱 한마디. 10달러! 너무 황당해서 "방금 전에 돈을 지불했다"고 하자, 그는 "그건 길 안내 요금이고, 이곳에서 촬영을 하려면 비용을 따로 지불해야 한다"고 말했다. 할 수 없이 다시 10달러를 주었다. 나중에 다시 페스에 방문했을 때 길 안내 비용은 절약할 수 있었지만, 공장에서 사진을 찍을 때 내는 촬영 요금은 항상 꼬박꼬박 지불할 수밖에 없었다. 물가가 오르면 이런 요금도 오른다. 세 번째 방문했을 때는 촬영 요금으로 20달러를 지불하였다.

세계적으로 유명한 페스의 가죽

여차저차해서 결국 촬영을 시작했다. 그런데 페스의 가죽 공장은 겉모습이 주었던 인상과는 전혀 다른 광경들로 탄성을 자아내게 만들었다. 이곳의 가죽은 수백 년 동안 꼭 같은 공정을 거쳐 만들어지고 있다. 양과 소를 잡아 가죽을 벗겨낸 다음 원형으로 이루어진 커다란 탱크에 장시간 보관한다. 이후 얼마 동안 시간이 지나면 커다란 탱크에 있던 가죽을 손질하여 저마다 독특한 색깔을 띠고 있는 염색용 탱크로 옮겨 색을 입힌다. 이어서 필요한 용도에 따라 그늘과 햇빛에서 건조시키면 그 유명한 페스의 가죽이 완성된다. 페스의 가죽은 아주 오래 전부터 세계 최고의 제품으로 인정받고 있다. 페스의 공장과 가정집에서 생산되는 가죽이 이렇게 유명하게 된 데에는 두 가지 이유가 있다. 하나는 모든 공정이 여전히 전통적인 방법으로 이루어지고 있기 때

전통적인 방법과 천연 원료로 제작되는 페스의 가죽.

문이고, 다른 한 가지는 오직 자연에서 생산된 원료만을 고집스럽게 사용하고 있기 때문이다.

   가죽을 생산하는 곳은 줄잡아 20여 곳 정도. 간혹 기업 형태를 갖춘 곳도 있으나 그 숫자는 극히 적다. 페스의 주민들은 가죽을 이용하여 각종 수공예품을 만들기도 한다. 가죽으로 대표되는 페스인 만큼 어느 곳에서나 다양한 가죽 제품을 볼 수 있다. 결이 섬세하고 무늬가 독특해 페스를 찾은 이방인들은 너나없이 가죽 제품을 구입하기 위하여 분주하게 발걸음을 재촉한다.

위 구시가지가 내려다보이는 언덕 위에서 휴식을 취하고 있는 주민과 페스 전경.
아래 페스의 구도시로 들어가는 게이트에 장식된 화려하고 거대한 모자이크 작품.

성곽을 사이에 두고
과거와 현재가 공존하다

페스의 주민들은 자동차를 거의 타지 않는다. 대신 교통수단으로 당나귀를 이용한다. 아니면 직접 걷거나. 골목이 너무 좁은 것도 원인 가운데 하나지만, 진짜 이유는 가파른 계단이 워낙 많기 때문이다. 이런 환경에서는 두 발이나 당나귀가 자동차보다 더 자유롭다. 천년 고도의 향기를 맡으려면 흙으로 쌓아올린 성곽과 그 주변에 흩어져 있는 주민들의 터전으로 가보자. 구시가지와 신시가지의 경계이기도 한 성곽은 대부분 흙벽돌로 이루어져 있고, 주요 게이트에 해당되는 곳만 돌과 화려한 세라믹을 이용하여 건설해 놓았다.

독특한 형태를 갖추고 있는 페스의 성곽에 서면 전혀 다른 두 세계를 만날 수 있다. 옛 모습이 잘 보존되어 있는 구도시「메디나」는 시민들의 터전인 가정집을 비롯한 다양한 공간으로 구성되어 있다. 그 중 가장 활기 넘치는 곳은「슈크」란 재래시장이다. 전형적인 아랍시장인 슈크에서는 모로코인의 삶을 있는 그대로 볼 수 있다. 인상적인 것은 시장 구석구석을 활보하며 우리네 두부장사처럼 종을 치며 소리를 지르는 물장수. 이곳의 물장수는 무더운 날 시장을 찾는 사람들에게 없어서는 안 될「사막의 오아시스」다. 물을 보관하는 방법도 옛날 방식 그대로 염소가죽을 이용하고 있었다. 물장수와 더불어 시선을 끄는 것은 자판 위에서 발을 동동 구르며 물건을 판매하는 장사치. 그의 말을 알아들을 수는 없지만 물건을 판매하는 방법과 소리를 지르는 모습이 남대문시장의 "골라 골라" 아저씨와 꼭 같다. 모로코의 전통 의상, 무지개 색깔의 수술을 단 모자, 주렁주렁 매달린 놋쇠컵 등도 발걸음을 종종 멈추게 만든다.

성곽을 사이에 두고 새로운 도시 형태를 보여주고 있는 신시가지는 여느 도시와 별반 다른 점이 없어 보인다. 노천카페에 앉아 신문을 읽고 있는 중년의 신사도 보이고 아무리 보아도 아랍 여성이라는 사실이 믿기지 않을 정도로 세련된 복장을 하고 거리를 활보하는 젊은 여성들도 보인다. 성곽 건너편 구시가지의 풍경하고는 너무도 다르다. 산책로에서 저녁놀을 벗 삼아 데이트를 즐기는 젊은 남녀를 보고 있노라면 이곳이 진정 회교국인지 의심마저 든다.

여행정보
FES

MAP

1 인천 ⋯ 카사블랑카 파리, 프랑크푸르트 경유 15시간
2 카사블랑카 ⋯ 페스 국내선 항공기로 40분, 기차로 4시간 30분, 버스로 5시간

● **찾아가는 길** _ 인천에서 페스로 직접 갈 수 있는 방법은 없다. 파리와 프랑크푸르트를 경유하여 모로코의 관문에 해당되는 카사블랑카로 이동 후 국내선 항공편을 이용하거나 기차를 이용하는 방법이 일반적이다. 인천에서 유럽의 도시를 경유하여 카사블랑카까지는 15시간이 소요된다. 카사블랑카에서 페스까지는 항공기로 40분, 기차로 4시간 30분, 버스로는 5시간이 소요된다.

● **숙박** _ 현대적인 체인호텔의 경우 신시가지에 집중되어 있으며 구시가지 지역에는 저렴한 숙소와 오랜 역사를 자랑하는 숙소가 모여있다.

● **주변 볼거리** _ 페스가 위치한 리프 산맥 지역에는 아담한 산촌 도시와 마을이 많다. 그 중 가장 인상적인 장소는 시디하라젬이라는 작은 도시다. 아틀란스 산맥과 리프 산맥이 만나는 지점에 위치한 시디하라젬은 모로코의 주인인 베르베르족의 문화를 엿볼 수 있는 매력적인 곳이다.

● **여행하기 가장 좋은 때** _ 봄에 해당되는 3~5월과 가을인 10~11월 사이에 방문하는 것이 좋다.

● **우편 정보** _ 모로코의 우편 사정은 조금 불편하다. 엽서와 편지를 부치려면 반드시 우체국으로 찾아가야 한다. 고급 호텔에서는 약간의 수수료를 받고 대행해 주기도 한다.

● **통용화폐** _ 「모로코 드리함(DH)」이라는 통화를 사용하고 있으며 공항이나 은행에서 환전이 가능하다. 신용카드도 비교적 편리하게 사용할 수 있다.

● **비자** _ 모로코는 비자 없이 3개월 동안 여행이 가능하다.

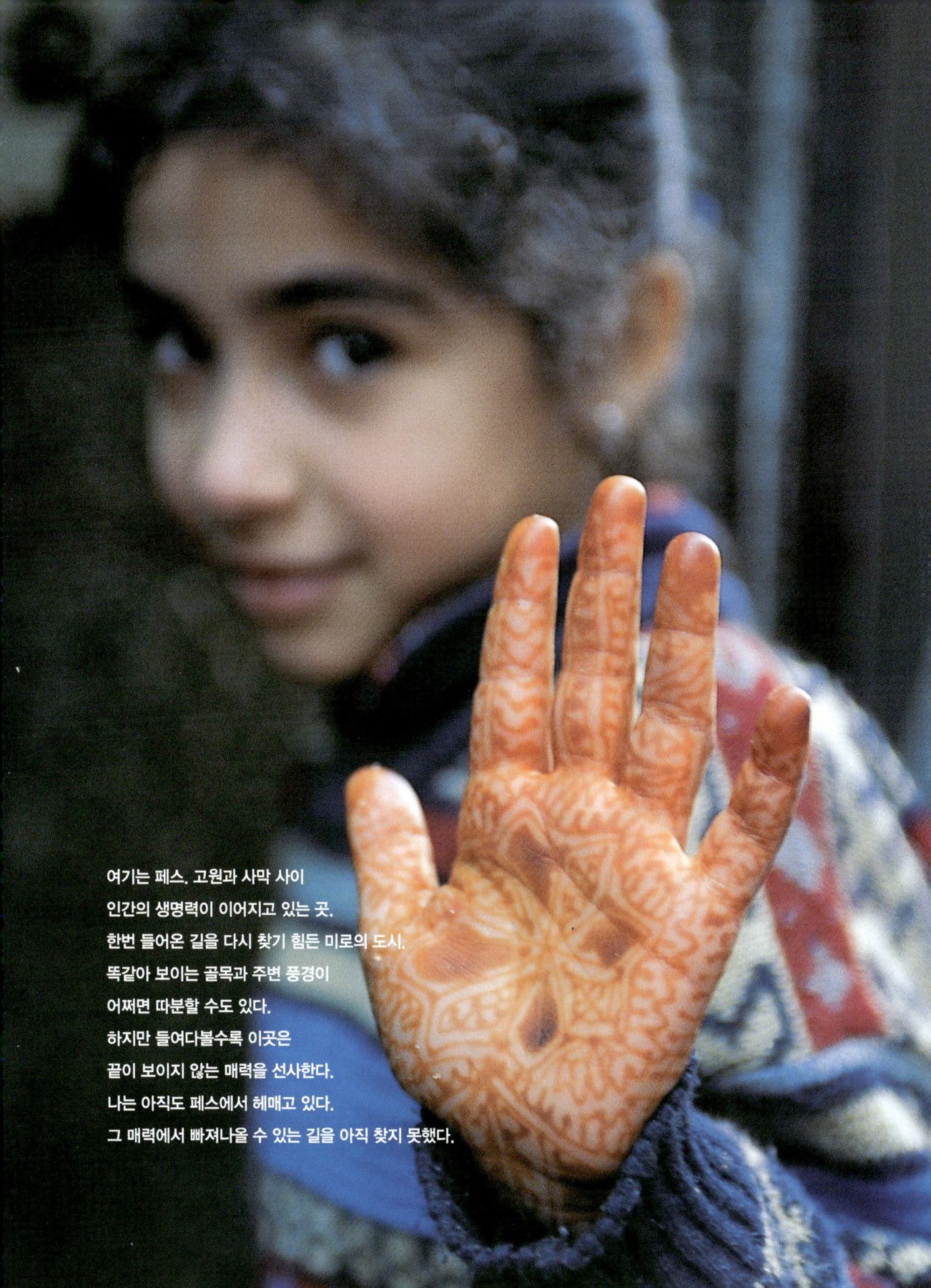

여기는 페스. 고원과 사막 사이
인간의 생명력이 이어지고 있는 곳.
한번 들어온 길을 다시 찾기 힘든 미로의 도시.
똑같아 보이는 골목과 주변 풍경이
어쩌면 따분할 수도 있다.
하지만 들여다볼수록 이곳은
끝이 보이지 않는 매력을 선사한다.
나는 아직도 페스에서 헤매고 있다.
그 매력에서 빠져나올 수 있는 길을 아직 찾지 못했다.

postcard from **JAPAN**

아름다운 숲 속에 자리하고 있는 사이끼백칸의 전경. 대부분의 고급 료칸은 멋진 정원을 갖추고 있다.

떠나온 후에도 나를 기억하는 곳
료칸

from Ryokan

나와 아내, 그리고 귀여운 우리 딸 이아는
지금 일본의 대표적인 고급문화라고 할 수 있는
전통 료칸에서 휴식을 취하고 있다네.
이곳 료칸에서 극진한 서비스를 받다보니
늘 상대를 위한 배려를 아끼지 않던 자네가 떠오르는군.
어이, 친구! 우리 언제 사람냄새 가득한 곳으로
가족 동반 여행 한번 같이 떠나 보세나.

-배려가 무엇인지 가르쳐준 벗 손보영에게.

일본의 종합문화공간

일본은 하늘 높은 줄 모르고 치솟은 땅값과 건축비 때문에 마치 닭장을 연상시키는 도시의 비즈니스호텔이 숙박 문화의 주류를 이루고 있다. 하지만 시골로 가면 아름다운 자연을 배경 삼아 저마다 이색적인 분위기를 연출하고 있는 정겹고 푸근한 「료칸旅館」이 나그네를 맞는다.

편리함에 있어서는 도시의 호텔만 못한데도 불구하고 일본인이라면 누구나 푸근하고 극진한 서비스가 동반되는 료칸에 묵기를 원한다고 한다. 어떤 이는 주인의 구수한 재담이 그리워 료칸을 찾고, 또 다른 이는 옛 추억을 더듬어보기 위해 료칸을 찾는다. 일본의 전통 료칸에는 일반 고급 호텔에서 흔히 접할 수 있는 편리한 시설과 친절한 서비스 그 이상의 무언가가 있다. 단 며칠만 료칸에서 지내보면 자연스럽게 그 비밀을 체험할 수 있다.

산업사회의 발달로 인해 도시보다는 시골이나 유명 관광지에 많이 남아있는 전통 료칸은 단순히 잠을 자고 온천을 즐기면서 쉬어 가는 장소가 아니다. 일본의 전통 「료칸旅館」은 하나의 종합문화공간이다. 표기는 같지만 본래의 역할이 퇴색해버린 우리나라의 「여관旅館」과 너무도 다르다. 숙박을 예약하면 투숙하는 동안은 말할 것도 없고 다음 목적지로 이동할 때까지 완벽한 서비스가 제공된다.

언젠가 아내와 귀여운 우리 딸 이아와 함께 즐거운 시간을 보내기 위해 료칸을 예약한 적이 있다. 그런데 주인이 예약을 받으면서 "도착 교통편이 무엇인지" 물어왔다. 당시에는 무엇 때문에 교통편을 확인하는지 이해할 수 없었다. 기차역에 도착했을 때 료칸의 종업원이 푯말에 내 이름을 써서 들고 마중을 나온 것을 본 후에야 그 이유를 알 수 있었다. 그들은 예약을 받는 순간부터 이미 도착하지도 않은 손님을 위한 마음의 준비를 하는 것이다.

료칸에 도착하면 「오카미女將 상」이라 불리는 안주인이 지배인과 종업원을 대동하고 직접 현관까지 나와 정중하게 손님을 맞는다. 이쯤 되면 감탄사가 절로 나온다. 입구에 「환영」이란 단어와 함께 당일 투숙할 손님의 이름을 빠짐없이 적어놓은 것도 이곳에서 얼마나 세세한 부분까지 신경을 쓰고 있는지 보여준다.

마음에서 우러나오는 극진한 서비스

우리 가족이 머물렀던 일본 중부지방의 「미사사三朝」란 작은 온천마을에 있는 「사이끼백칸齊木別館」은 특히나 손님을 편안하게 해주는 곳이었다. 작은 시골마을에 위치한 사이끼백칸은 수천 곳에 이르는 일본의 전통 료칸 중에서도 서비스와 음식 맛이 뛰어나기로 유명하다. 일본의 선동 정원 문화도 동시에 경험힐 수 있는 곳이다.

료칸에 들어섰을 때 상냥한 인사와 함께 손님을 맞는 사람은 다음 대代에 안주인이 될 예비 오카미다. 료칸은 전통을 중시하는 만큼, 오카미는 철저한 훈련을 걸쳐 양성된다. 예비 오카미는 며느리와 딸 중 한 사람이 맡는 것이 일반화되어 있는데 사이끼백칸의 경우 딸이 맡고 있다. 종업원이 오차를 준비하여 손님에게 대접하는 경우도 있지만 대부분의 료칸에서는 예비 오카미가 직접 손님에게 차를 서비스하고 그곳에 대한 자세한 설명과 더불어 불편한 사항을 해결 해준다.

예비 오카미는 주인의 딸이나 며느리일지라도 그냥 오를 수 없다. 아무리 가까운 친족이라도 반드시 이부자리 정리와 차茶 심부름 등 사소한 과정을 모두 마친 후에야 예비 오카미의 반열에 오를 수 있다. 예비 오카미의 경우 평상시에는 오카미를 보조하는 일이 주요 업무지만 오카미가 출타를 하거나 몸이 불편하여 거동하기 어려워지면 오카미를 대신하여 료칸의 전반적인 일을 관장한다.

규모를 떠나 각기 서너 종류의 독특한 일품요리를 갖추고 있는 일본의 료칸에서는 재료 선정에서부터 음식을 만들고 운반하여 손님의 식탁에 올려놓기까지 거치는 과정이 매우 까다롭다. 재료의 선별은 경력이 풍부한 요리장이 직접 담당하며 손님이 식사를 하는 시각에 최고의 맛을 느낄 수 있도록 음식의 온도까지도 조절한다.

지역 특산물로 만든 계절의 진미를 준비하여 대접하는 일도 빼놓을 수 없다. 이런 측면에서 본다면 사이끼백칸이 자리잡고 있는 미사사 지역은 산촌이면서도 바다가 가까워 신선한 야채를 이용한 요리와 바다에서 갓 잡아 올린 생선요리를 동시에 즐길 수 있어 미식가에게는 더 없이 좋은 곳이다. 또 음식이 준비되면 오카미 상이 직접 손님방을 찾아와 "맛있게 드시라"고 인사하는 일도 잊지 않는다. 외국인이나 전통 료칸을 처음 이용하는 손님에게는 음식에 대한 설명과 맛있게 즐기는 방법까

잘 정리된 연못과 나무가 멋진 조화를 이루고 있는 전통 공간의 정원.

낭만적인 분위기를 연출하고 있는 전통 로간

지도 상세하게 일러준다. 식사를 마친 손님이 방을 옮겨 휴식을 즐기는 사이 종업원은 편안한 수면을 취할 수 있도록 이부자리를 마련한다. 잠을 청하기 위해 손님이 방으로 들어서면 오카미 상은 재차 손님의 방을 찾아 저녁 인사를 하며 하루의 서비스를 마친다.

다음날 아침, 손님에게 전통차를 대접하는 것에서부터 하루의 서비스가 시작된다. 손님이 잠자리에서 일어난 것을 확인한 종업원은 아침 인사와 함께 손님을 다도실로 안내하여 정성껏 준비한 차를 올린다. 손님이 차를 마시거나 정원을 산책하는 동안 이부자리를 정리하고 식사를 준비하여 손님을 대접하는 것이 료칸의 아침 서비스다.

전통적인 방법으로 운영되는 료칸에는 흥미로운 점이 많은데 그 중 하나가 요금체계다. 호텔은 시즌에 따라 조금 차이가 있을 뿐 늘 일정한 가격을 유지하는 반면 료칸은 요금이 보다 세분화되어 있다. 동일한 시즌에 같은 방과 부대시설을 이용하더라도 요금의 폭이 상당히 크다. 객실과 제공받는 서비스가 같아도 가격 차이가 천차만별인 까닭은 음식이 다르기 때문이다. 어느 료칸이든 숙박료는 음식에 따라 좌우되고 모든 요금은 1인을 기준으로 한다.

방과 음식에 따라 조금씩 다르지만 요금은 보통 1인 기준으로 1만 5천 엔에서 6만 엔 정도로 호텔에 비교하면 상당히 비싸다. 1인 기준으로 비용이 3만 5천 엔에서 6만 엔 선인 사이끼백칸은 일본에서 손

위 나무 하나 모래 한 알에도 정성이 가득 담긴 듯한 히사고야 료칸의 정원.
아래 함께 료칸을 찾았던 딸아이 이아가 즐거워하고 있는 모습.

에 꼽힐 정도로 고급 료칸에 속한다. 전통 료칸은 호텔과는 다른, 상상을 초월할 정도로 맛깔스러운 식사를 제공한다. 그러니 숙박요금 중 음식값이 차지하는 비중이 상대적으로 높을 수밖에 없다.

떠나온 후에도 그곳은 나를 기억한다

흔히 일본의 전통 료칸을 고급문화의 산실이라고 말한다. 조금 특이하고 전통적인 방법으로 운영되는 숙박시설을 가지고 문화 운운하는 것이 적절할지는 모르겠다. 하지만 료칸에 투숙한 경험이 있는 사람이라면 이보다 더 적절한 표현이 없다는 사실에 공감할 것이다.

아내와 딸과 함께 전통 료칸에서 보낸 4박 5일은 감동 그 자체였다. 마침 딸아이가 감기로 고생하고 있었기 때문에 예약을 취소하려다, 어렵게 준비한 가족여행이라는 생각에 고심 끝에 무리해서 올랐던 여행길이었다. 우리 가족을 담당했던 나이 많은 종업원은 딸아이가 감기로 고생하는 것을 보고는 세심한 배려를 아끼지 않았다. 하루도 빠짐없이 아침저녁으로 감기에 좋은 캔디와 과일차를 따로 준비하여 식사 후 어김없이 가져다 준 덕분에 우리 가족이 료칸을 떠날 때쯤에는 딸 이아에게서 감기는 뚝 떨어져 있었다.

우리가 더욱 감동받았던 것은 료칸을 떠나온 후였다. 다른 목적지를 둘러보고 집으로 돌아와 보니 료칸에서 우리 가족을 정성스럽게 보살펴주었던 종업원이 보낸 예쁜 엽서가 한 장 도착해 있었다. "모든 여정을 마치고 집에 무사히 귀가했는지 궁금하다"는 내용의 안부 엽서였다. 료칸의 서비스는 손님이 료칸을 떠난 뒤에도 계속 되고 있었다.

일본을 다녀온 여행객이라면 누구나 "일본 사람들은 친절하다"는 말을 많이 한다. 어느 곳을 방문해도 친절한 미소로 손님을 접대하는 일본이지만 전통 료칸만큼 마음에서 우러나온 극진한 서비스를 제공하는 곳은 일본 국내는 물론, 세계 어디에서도 찾아보기 힘들 성 싶다.

여행정보
RYOKAN

MAP

1 인천 ⋯ 요나고 직항 1시간 20분
2 요나고 ⋯ 미사사 기차나 버스로 2시간

● **찾아가는 길** _ 사이끼백칸이 자리 잡고 있는 곳은 아주 작은 마을 미사사다. 우선 인천 국제공항에서 아시아나 항공기를 이용하여 요나고까지 이동한 다음, 요나고에서 택시를 이용하거나 기차와 버스를 이용하여 갈 수 있다. 항공 소요 시간은 1시간 20분. 육로로는 2시간을 이동해야 한다.

● **숙박** _ 미사사는 작은 산촌 마을이지만 온천으로 유명한 휴양지여서 20여 곳에 이르는 료칸과 호텔, 그리고 국민휴양소 등이 있어 숙박에는 불편이 없다. 숙박 요금은 1인 기준으로 6만 엔부터 5천 엔까지 다양하다. 고급 료칸은 매우 비싸고 국민휴양소 같은 곳은 저렴하다.

● **주변 볼거리** _ 마을 뒷산에는 국보로 지정된 산부츠지三佛寺가 있으며, 이 지방의 산촌문화를 엿볼 수 있는 향토 박물관 등 흥미로운 볼거리가 즐비하다. 미사사에서 자동차를 이용하여 5분 거리에는 다이센을 배경으로 시원한 라운딩을 펼칠 수 있는 골프장이 있다. 인근에 있는 플라워 파크도 볼만하다.

● **여행하기 가장 좋은 때** _ 골프와 휴식을 동시에 즐기기에는 봄이 좋다. 단풍이 멋진 11월이나 눈이 내리는 겨울 시즌도 풍경이 아름답다.

● **우편 정보** _ 각 료칸이나 호텔에 엽서가 비치되어 있고 마을에 우체국이 있어 어렵지 않게 엽서를 보낼 수 있다. 고급 료칸이나 호텔에서는 무료로 엽서를 발송해 주기도 한다.

● **통용화폐** _ 엔을 사용. 고급 숙박시설에서는 신용카드 사용이 가능하나 현금이 기본이다.

● **비자** _ 원칙적으로 비자가 필요하나 2005년 3~9월까지는 무비자로 여행이 가능하다.

우리가 더욱 감동받았던 것은 료칸을 떠나온 후였다.
다른 목적지를 둘러보고 집으로 돌아와 보니
료칸에서 우리 가족을 정성스럽게 보살펴주었던 종업원이 보낸
예쁜 엽서가 한 장 도착해 있었다.
"모든 여정을 마치고 집에 무사히 귀가했는지 궁금하다"는 내용의 안부 엽서였다.
료칸의 서비스는 손님이 료칸을 떠난 뒤에도 계속 되고 있었다.

postcard from **TANZANIA**

응고롱고로 지역에 거주하는 마사이족 여인들이 방문객을 맞이하면서 환영의 노래를 부르고 있다.

공존이란 무엇인가

응고롱고로 자연보호지역

from Ngorongoro

햇살이 드디어 칼데라를 비춥니다.
쫓고 쫓기는 자연의 거대한 생존 게임도 곧 시작이 되겠지요.
저도 이제 카메라에 커다란 렌즈를 장착하고 사자와 하마, 코뿔소를 찾아
'게임 드라이브'를 시작해 볼까 합니다. 전장을 앞둔 마사이 전사처럼
멋지게 소리라도 지르고 싶습니다. 마음은 이미 저 야생의 들판을 날아 다니고 있습니다.

- 동물의 세계에 눈을 뜨게 해 준 안성웅 소장님께.

힘의 질서가 철저히 지켜지는 자연보호구역

동서 20km, 남북으로 16km에 이르는 화산이 만들어 놓은 「응고롱고로 자연보호구역 Ngorongoro Conservation Area」의 아침 풍경은 평온하고 한적하기만 하다. 하지만 고요함도 잠시 뿐. 햇살이 거대한 칼데라를 비추기 시작하면 목숨을 건 생존 게임이 시작된다. 사자와 표범 같은 육식동물들은 먹이를 사냥하기 위하여 호시탐탐 기회를 엿보고 초식동물들은 목숨을 보존하기 위해 단 한 순간도 경계를 늦추지 않는다.

마사이 언어로 「거대한 구멍」이란 의미를 가지는 「응고롱고로 자연보호구역」은 탄자니아의 동북쪽에 자리하고 있는 거대한 분화구 지역이다. 이곳에서는 임팔라와 기린을 제외하고는 아프리카에 서식하는 모든 동물을 볼 수 있다. 응고롱고로에는 아프리카 최고의 전사로 명성을 떨치고 있는 마사이족이 살고 있어 방문객의 호기심을 한층 자극시킨다.

계절에 따라 서식하는 동물의 종류와 숫자가 다르기 때문에 구체적으로 어떤 동물이 얼마나 서식하고 있는지 정확히 파악할 수는 없다. 조류를 제외하고도 자그마치 2만 5천 마리가 넘는 야생동물들이 살고 있단다. 겉보기에는 낭만적이고 평화롭게만 보이는 자연보호지역이지만 이곳에서는 힘의 질서가 철저하게 지켜지고 있다.

지프차를 타고 동물을 찾아가는 것을 흔히 「사파리 투어」라고 부른다. 이 사파리 투어에 참가하면 이른 아침이나 저녁시간에 얼룩말과 버펄로, 누와 자칼 등이 물을 찾아 수백 마리씩 이동을 하는 모습과 홍학 같은 조류 수천 마리가 커다란 호수에서 진을 치고 있는 장관을 감상할 수 있다. 사실 응고롱고로 현지에서는 이를 두고 사파리 투어라 하지 않는다. 대신 「게임 드라이브」라 부른다. 동물을 보기 위해서 찾아 온 방문객과 자신의 안전을 위하여 몸을 숨기려는 동물 사이에 쫓고 쫓기는 일종의 게임이기 때문이다. 게임 드라이브는 해가 분화구를 비추는 아침부터 일몰까지만 허용되고 게임을 즐기는 방법과 차량도 제한되어 있다.

응고롱고로 자연보호구역에서 게임 드라이브를 즐기는 방법은 선택의 여지가 없다. 누구나 지정된 차량에서 현지인의 안내를 받아야 한다. 이런 까다로운 제약을 두는 목적은 관람객의 안전과 동물 보호를 위해서다. 보호구역 안의 안내원은 모두 철저한 교육과정을 수료한 사람들로, 누구보다도 동물의 생리를 잘 알고 있다. 안내원들이 사용하는 모든 차량에는 무전기가 설치되어 있어서 희귀한 동물을 발견하면 서로 연락을 취하여 짧은 시간에 여러 동물들을 볼 수 있도록 하고 있다. 위급한 상황이 발생하면 즉각 구조조치를 취할 수도 있다.

응고롱고로 자연보호구역의 가장 큰 매력은 야생동물을 가까운 거리에서 볼 수 있다는 점이다. 자연보호지역에 살고 있는 동물들은 사람을 그리 두려워하지 않는다. 자신에게 피해를 입히지 않는다는 것을 알고 있기 때문이다. 사자와 하이에나 같은 동물은 아예 게임 드라이브를 즐기는 차량 옆으로 다가와 마치 사람들의 생김새를 관찰이라도 하듯 두리번거린다. 사파리용 차량에 발을 올려놓고 휴식을 취하는 놈도 있고 머리로 차를 밀어 보는 놈도 있다. 솔개 등 다양한 조류들은 관광객을 발견하는 즉시 주변을 순회하며 사람들의 식사시간을 기다린다. 그리고 준비해 온 음식을 집어드는 순간 갑자기 나타나 그것을 빼앗아 날아가 버린다.

하마터면 사자 밥이 될 뻔!

내가 처음 응고롱고로 자연보호구역을 찾은 것은 2002년 봄이었다. 동물에 대해 알고 있던 지식은 책자와 TV를 통해 접한 것이 전부였다. 호수 인근에서 투어 참가자들과 함께 점심을 먹게 되었는데, 보다 좋은 사진을 한 장이라도 더 촬영할 목적으로 서둘러 밥을 먹고서는 일행들과 500m쯤 떨어진 바위 위에 올라갔다. 그 바위는 다른 곳보다 30~40m나 높았기 때문에 주변을 다 내려다볼 수 있을 것 같았다.

탕! 정신없이 사진 촬영하고 있는데 갑자기 정적을 깨는 총소리가 귓전에 들려왔다. 총소리 방향으로 고개를 돌리자 여러 국립공원을 안내해 주던 안성웅 소장과 자연보호구역을 지키는 레인저ranger들이 헐레벌떡 뛰어오며 "미스터! 미스터!"를 외쳐대는 것이 아닌가. 그들이 나를 부르고 있다는 것을 직감했지만, 왜 이곳으로 다급하게 달려오는지는 모르고 있었다. 약 2분 후 그들이 도착했다. 그리고 알게 된 사실. 내가 올라갔던 곳은 사자들이 자주 출몰하는 장소란다.

응고롱고로 자연보호 구역에서 서식하는 얼룩말들이 물을 먹기 위하여 줄을 지어 이동하고 있다.

탄자니아 * 응고롱고로 자연보호지역

마사이족 전사를 형상화한 토산품.

응고롱고로 지역에 서식하는 타조. 생각보다 훨씬 빠르며 몸체도 크다.

사자! 나는 그 말을 듣는 순간 몸이 얼어붙는 듯 했다. 레인저의 보호 아래 일행들이 모여 있는 곳까지 이동을 했는데, 어떻게 걸어갔는지 알 수가 없다. 자연보호구역에 근무하는 레인저 가운데 조금 직급이 높은 듯한 레인저가 안성웅 씨와 우리 팀을 담당하던 레인저에게 끊임없이 야단을 쳤던 것 밖에는 기억나지 않는다. 이 글을 쓰는 지금도 그 때를 생각하면 온몸에 식은땀이 흐른다. 하마터면 사자 밥이 될 뻔 하다니, 휴….

아프리카 최고의 전사, 마사이족

응고롱고로 자연보호구역에는 다섯 곳에 이르는 숙소와 「마사이 마라」라는 마을이 여러 곳 있다. 자연보호구역에서 거주할 수 있는 사람들은 아주 오래 전부터 이곳에 터전을 잡고 살았던 마사이족뿐이다. 현대적인 시설을 갖추고 있는 숙소와 대조적으로 마사이족의 마을은 지금도 옛 모습 그대로다. 마사이 마라는 줄잡아 10여 곳에 이른다. 너무 작은 곳들이라 별반 중요하지 않을 것 같지만 사실 이 지역은 고고학적인 가치가 매우 높은 곳이다. 응고롱고로 자연보호지역의 외곽에 해당되는 「올두바이 계곡」에서 지금으로부터 약 300~360만 년 전 직립 보행을 했던 오스트랄로피테쿠스와 인류의 조상인 오스트랄로피테쿠스 보이세, 호모 하빌리스의 뼈가 다수 발견되었기 때문이다. 이곳에 살았던 마사이족이 곧 인류의 조상인 셈이다.

응고롱고로 자연보호구역에서 살아가는 마사이족은 수천 년 전 그들의 조상들이 살았던 것과 비슷한 삶을 유지하고 있다. 마을 입구에는 야생동물의 침입에 대비하여 쳐놓은 울타리가 있으며 가축들의 보금자리를 중심으로 주변에 형성된 가옥의 모습은 여느 곳에서는 좀처럼 볼 수 없는 독특한 형태이다. 이곳에서 살아가는 마사이 전사들의 유일한 일거리는 야생동물 사냥이다. 사소한 집안일부터 동물을 키우는 일까지 일상에서 벌어지는 모든 일은 여성들이 담당하고 전사들은 사냥 외 별다른 일을 하지 않는다. 난방을 하거나 음식을 요리할 때 사용하는 연료는 동물의 배설물이다. 이 역시 조상들의 방식 그대로다. 지금도 동물의 피와 우유를 직접 짜서

휴식을 취하고 있는 얼룩말들.

즉석에서 마신다.

    그렇다고 모든 것에 전혀 변화가 없는 것은 아니다. 현대문명을 활용하는 마을과 주민들이 늘어나면서 전통적인 관습도 점차 변하는 추세다. 어떤 마을에서는 주택을 지을 때 나무와 동물의 배설물 대신 흙을 이용하기도 한다. 극히 일부이지만 자연보호구역 안에 있는 숙박시설에서 경비업무를 담당하는 마사이족 전사도 있다. 대부분의 마사이 전사들은 길다란 나무를 들고 맨발로 초원과 정글을 걸어 다니고 있지만, 신세대 마사이족은 간혹 자전거를 타고 다른 마을이나 인근 도시를 찾기도 한다. 결혼식을 올릴 때 신랑이 신부 부모에게 보내는 지참품도 소, 양 같은 동물 대신 현금이나 필요한 물건으로 많이 대체되고 있다고 한다.

응고롱고로 자연보호구역은 참으로 매력적인 곳이다. 엄청난 규모를 자랑하는 분화구와 그 속에 터전을 잡고 살아가는 수많은 동물들도 독특하고, 수천 년의 전통을 잇고 있는 마사이족 마을도 흥미롭다. 인간과 동물 그리고 대자연이 함께 어우러진 응고롱고로 자연보호구역에 가면 "공존이란 무엇인가"에 대해 다시 한 번 생각해 보게 된다.

여행정보
NGORONGORO

1 인천 ⋯→ 아루샤 홍콩과 케냐의 나이로비를 경유 15시간 소요
2 아루샤 ⋯→ 응고롱고로 자연보호구역 자동차로 3시간 30분

● **찾아가는 길** _ 인천에서 홍콩과 케냐의 나이로비를 경유하여 응고롱고로 거점 도시인 아루샤까지는 15시간이 소요. 아루샤에서 응고롱고로 자연보호구역까지는 자동차로 3시간 30분이 소요된다. 공원의 출입시간이 제한되고 있어 공원 안에 위치한 호텔이나 로지에 투숙할 경우에도 반드시 일몰 전까지 도착해야 한다.

● **숙박** _ 응고롱고로 자연보호구역 안에는 여러 개의 고급호텔과 로지가 있으나 사전 예약이 필요하다. 만약 예약을 못하고 떠난 경우라면 인근 도시의 여행사에서 원하는 상품을 선택한 이후에 움직이는 것이 좋다.

● **주변 볼거리** _ 추장의 허락을 받은 후에 입장이 가능한 마사이 마라는 아프리카에서 가장 용맹한 전사들의 삶과 그 가족들의 생활상을 엿볼 수 있는 매력적인 장소다.

● **여행하기 가장 좋은 때** _ 응고롱고로 자연보호구역에서 동물을 가장 잘 볼 수 있는 시기는 건기에 해당되는 5~2월이다.

● **우편 정보** _ 응고롱고로 자연보호지역에는 우체국 같은 시설물이 한 곳도 없으나 로지와 호텔에 부탁하면 아주 편리하게 편지와 엽서를 보낼 수 있다.

● **통용화폐** _ 미국 달러를 기본 통화로 사용하고 있다.

● **비자** _ 탄자니아 입국에는 반드시 비자가 필요하다. 국내에서 비자를 받는 것보다 공항이나 국경 검문소에서 간단한 서류를 작성하고 받는 것이 훨씬 신속하다.

응고롱고로에도 변화의 바람은 불고 있다.
맨발로 초원을 걷던 마사이족들은 이제
자전거를 타고 도시로 향하기도 한다.
앞으로 더 많은 것들이 빠르게 바뀌어 가겠지만
그래도 그들은 우리처럼 어리석게 잊지는 않을 것이다.
사람과 대자연이 함께 살아가는 방법을,
서로를 다치게 하지 않는 공존의 규칙을.

postcard from **PERU**

시간을 잃어버린 공중도시
마추픽추

정교하게 만들어 놓은 마추픽추의 돌계단 유적

from Machu Picchu

성곽을 돌다 야크 한 마리를 만났습니다. 녀석은 비가 갠 하늘을 무심히 바라보고 있습니다.
작은 돌마저도 영물이 되는 마추픽추. 야크 한 마리의 응시가 알 수 없는 깊이를 느끼게 합니다.
어느덧 하늘에는 무지개가 떴습니다.
사진 찍는 것도 잊은 저는 녀석이 있던 자리만 바라보고 있습니다.

-예술을 사랑하시는 최영보 선생님께.

하늘에서만 완벽하게 볼 수 있는 공중도시

2000년에 이어 지난 해 가을. 나는 「마추픽추 Machu Picchu」로 가기 위해 페루의 수도 리마에서 쿠스코 행 비행기에 올랐다. 항공기가 이륙하자 온통 하얀 눈으로 단장하고 있는 안데스산맥이 보이기 시작했다. 눈 덮인 안데스산맥을 얼마쯤 비행하고서 드디어 쿠스코에 도착했다. 숨쉬기가 어려울 정도로 높은 고도를 유지하고 있는 해발 3360m의 도시. 잉카 최후 왕국의 수도, 쿠스코.

쿠스코의 호텔에서 하룻밤을 보낸 나는 마추픽추 행 열차를 타기 위하여 서둘러 역으로 향했다. 마추픽추로 향하는 두 칸짜리 열차는 조금 낡아 보였지만 그 모습이 왠지 편안하게 느껴지기도 했다. 열차의 차창을 통해서 바라본 풍경도 참으로 정겹고 변화무쌍했다. 차창 너머로 전개된 안데스의 척박한 산, 열대우림을 연상시키는 무성한 숲, 아마존을 향하여 흐르는 거대한 물줄기, 무슨 의미인지 알 수는 없지만 쉴 새 없이 이어지는 아낙들의 이야기꽃은 기차에 머무는 동안 잠시도 딴전을 못 피우게 만들어 버렸다.

마침내 종착역 마추픽추. 아담한 기차역 광장을 나서자 내 이름이 새겨진 푯말을 들고 있는 중년의 여성이 보인다. 마추픽추를 둘러보기 위해 내가 어제 쿠스코에 있는 여행사를 통해 소개받은 안나 마리아 양이다. 내 나이보다 다섯 살이나 아래임에도 족히 서너 살은 더 먹어 보이는 그녀의 본업은 학교에서 학생들을 가르치는 영어 선생님. 그녀와 통성명을 마치고 「잉카제국」으로 향하기 시작했다. 가파른 산자락에 옹기종기 매달려 있는 작은 집과 계곡인지 길인지 구분하기조차 어려운 등산로, 전통복장을 하고 물건을 판매하는 아낙네에 이르기까지, 마추픽추의 풍경은 불과 10분도 안 되어 나의 심장을 요동치게 만들어 버렸다.

마추픽추를 카메라에 잘 담으려면 어떻게 해야 하는지 묻자, 안나는 "워킹 walking"이라고 답한다. 1000여 개가 넘는 가파른 계단과 오솔길로 이어진 등산로를 따라 걷다 마주치는 마추픽추의 풍광은 신비로움 그 자체였다. 첩첩산중에 둘러싸인 탓일까, 산모퉁이를 돌 때마다 나타났다 사라져버리는 유적지가 가까워질수록 묘한 기대감과 긴장감이 온몸에 퍼지기 시작했다. 관리 사무소에 도착했을 때 무거

잉카 최후의 왕국이었던 쿠스코의 사크사이완 유적지를 찾은 방문객이 거대한 돌을 살펴보고 있다.

운 배낭을 풀어놓고 이마에 맺힌 땀을 닦으며 주변을 둘러보았다. 울창한 숲으로 이루어진 거대한 봉우리 위에는 금방이라도 비를 쏟아 부을 것 같은 먹구름이 한 아름이다. 아름다움보다는 두려움이 먼저 느껴졌다.

마추픽추는 케추어 말로 「늙은 봉우리」란 뜻이다. 오직 하늘에서만 완벽한 형태를 볼 수 있다는 마추픽추는 수백 년 동안 사람들의 입에서 입으로 전해지던 신비의 장소였다. 마추픽추 탐험은 「오두막 전망대」에서 시작된다. 크고 작은 돌과 인근에서 쉽게 구할 수 있는 나뭇잎으로 장식되어 있는 오두막 전망대에 서면 장엄한 유적지가 한 눈에 들어온다.

오두막 전망대에서 주변을 둘러보고 해시계가 놓여 있는 유적지를 향하여 걷자마자 폭우가 쏟아지기 시작했다. 그러나 잠시 후 천둥과 번개를 동반한 폭우가 멈추기가 무섭게 산과 계곡 사이로 무지개가 모습을 드러낸다. 몇 해 전 처음 마추픽추를 찾았던 때와는 너무도 다른 풍경을 접한 나는 정신없이 카메라의 셔터를 눌렀다. 옆에서 있던 안나도 연신 "원더풀wonderful"을 외쳐 댄다. 오늘 같은 날씨는 일년에 50~60회씩 마추픽추를 오르는 자신도 손에 꼽을 정도라며, 앞으로 1~2시간 내에 날씨가 좋아질 것이라고 목에 침이 마르도록 설명한다. 오랜 가이드 생활을 한 그녀의 예언을 증명이라도 하듯 불과 30분이 지나기도 전에 두터운 먹구름 사이로 파란 하늘이 얼굴을 내밀기 시작했다.

폭우 때문에 자세히 살펴볼 수 없었던 해시계를 둘러보고 다시 오두막 전망대를 향하여 이동하는데 커다란 야크 한 마리가 바위 위에서 마추픽추 유적지를 응시하고 있는 모습이 시선에 들어왔다. 마치 나에게 좋은 촬영장소를 안내라도 하는 듯했다. 야크가 서 있던 바위 위에 오르자 오두막 전망대에서 바라보았던 모습과는 전혀 다른 풍광들이 펼쳐졌다. 주변 경관을 다시 한 번 둘러보고 수백 개의 계단을 내려오자 돌로 만든 제법 커다란 문이 나온다. 안나의 설명에 따르자면 이 문은 오직 돌만을 이용하여 건축한 문으로 로마의 개선문처럼 화려하지는 않지만 기술적인 측면에서는 그 어떤 문보다 우수하다고

전망대가 위치한 오두막에서 내려다본 마추픽추 유적지. 이곳은 수많은 추측과 의문으로 가득한, 시간을 잃어버린 공중도시.

한다. 이 문을 통과하면 바로 「능묘」라는 유적지와 마주하게 된다.

작은 궁전을 연상시키는 능묘는 일종의 무덤으로, 잉카인들은 능묘의 벽에 미라를 안치시켰다고 한다. 능묘에 안치된 미라의 주인공이 누구인지는 아직까지 명확하게 밝혀지지 않았다. 다만 최고 권력자와 그의 가족으로 추정되고 있을 뿐이다. 능묘 주변에는 용도를 알 수 없는 샘과 관개수로를 비롯하여 시신을 보관했던 것으로 보이는 장소가 남아 있다. 하지만 정작 능묘에서 발견된 미라는 아직까지 단 한 구도 없다고 한다.

시간도 이곳에서 길을 잃다

마추픽추의 중심은 능묘 유적지 위쪽에 남아 있는 「태양의 신전」과 「신성한 광장」이다. 태양의 신전 역시 정확히 언제 건설되었는지 알 수 없다. 잉카 최후 왕국의 수도인 쿠스코 지역에 남아있는 「태양의 신전」과 매우 흡사하기 때문에 대부분의 학자들은 그와 비슷한 시기에 건설된 것이라 추정하고 있다 한다. 자연석을 가공하여 만들어 놓은 신전에는 창문과 여러 개의 구멍이 뚫려있는 곳이 많이 있다. 그 중 가장 독특하고 흥미로운 곳이 마추픽추 유적지를 세상에 알린 미국인 역사학자 「하이람 빙검」이 명명한 「독사의 통로」이다. 여러 개의 구멍으로 이루어진 이 통로는 작은 물체를 넣으면 여러 번에 걸쳐 빙글빙글 돌아 모두 안쪽으로 떨어지는 매우 독특한 구조를 갖추고 있는데, 그 모양새가 뱀과 흡사하다 해서 빙검이 붙인 이름이란다.

태양의 신전 동쪽으로는 「왕녀의 궁전」과 「성직자 주거지」가 있으며, 위쪽으로 「신성한 광장」이 자리하고 있다. 상층과 하층으로 이루어진 왕녀의 궁전은 마추픽추에 있는 건물 중 유일한 2층 구조물로, 왕족이나 귀족들이 거주했던 곳으로 추정되는 장소다. 신성한 광장에 있는 창문은 잉카제국의 건국신화에 등장하는 초대 왕 「망코 카파쿠」가 형제들과 함께 나왔다는 신화의 무대이기도 하다. 태양의 신전과 더불어 가장 중요한 장소로 알려진 신성한 광장에서 빼놓을 수 없는 것은 세 개의 창문이 있는 사원 터와 뒤쪽에 위치한 왕가의 무덤이다. 정교하게 만들어진 커다란

인디오의 주요 토산품인 장식용 카펫.

창이 세 개씩이나 나란히 있는 것은 세상에 알려진 잉카 유적지 중 유일한 것으로, 많은 학자들은 지금까지도 그 의문을 정확히 풀지 못했다. 다만 특별한 의식을 주관할 때 사용했던 의식용 구조물로 추정하고 있을 뿐이다. 커다란 바위 뒤쪽에 위치한 왕가의 무덤은 잘 다듬어진 좁은 입구와는 다르게 내부는 꽤 큰 반원형이다. 이곳에는 잉카의 다른 유적지에서는 볼 수 없었던 공간개념이 있어 많은 학자들의 연구 대상이 되고 있다는 안나의 설명이 이어졌다.

    도시의 가장 높은 지점에 설치해 놓은 해시계 「인티와타나」를 비롯하여 「태양의 문」과 「콘도르 신전」, 「계단식 경작지」 등 수많은 유적이 남아 있는 마추픽추.

어느 때 누구에 의하여 건설되었고 어느 왕조가 지배했는지, 대체 알 수 없는 의문으로 가득한 시간을 잃어버린 공중도시. 확실하게 밝혀진 것이라고는 1만여 명이 생활하기에 충분한 공간이라는 것과 경작지를 갖추고 있으며 잉카족에 의하여 건설된 도시라는 점뿐. 다시 갔어도 마추픽추를 처음 대했을 때 느꼈던 의문은 여전히 그대로 남았다.

여행정보
MACHU PICCHU

1 인천 ⇢ 리마 LA경유 20시간
2 리마 ⇢ 쿠스코 항공기와 기차로 1시간 30분
3 쿠스코 ⇢ 마추픽추 헬리콥터로 40분, 기차로 3시간 20분

● **찾아가는 길** _ 인천에서 마추픽추까지 직접 갈 수 있는 방법은 없다. LA를 경유하여 리마까지 이동한 다음 리마에서 항공기와 기차를 이용하여 쿠스코로 가야한다. 쿠스코에서 마추픽추까지는 헬리콥터와 기차를 이용하여 갈 수 있다. 인천에서 LA까지 10시간, LA에서 리마까지 10시간, 리마에서 쿠스코까지 1시간 30분이 소요된다. 쿠스코에서 헬리콥터를 이용할 경우 40분이, 기차로는 3시간 20분이 소요된다.

● **숙박** _ 고급호텔부터 저렴한 숙소까지 다양하다. 하지만 태양제가 열리는 6월의 경우 숙소를 구하기가 어렵다.

● **주변 볼거리** _ 「뜨거운 물」이란 의미를 내포하고 있는 아구아스 칼리엔티스 마을은 온천휴양지로 마추픽추와 주변의 유적지를 둘러본 후 지친 피로를 풀기에 적합한 곳이다.

● **여행하기 가장 좋은 때** _ 사계절의 분위기가 다르기 때문에 어느 때가 좋다고 말할 수는 없지만 가장 좋은 시기는 늦봄과 여름이 겹치는 11~12월이다.

● **우편 정보** _ 페루의 우편문화는 비교적 양호한 편이며 특히 마추픽추 지역은 세계적인 관광지로 엽서와 편지를 보내는 일이 어렵지 않다.

● **통용화폐** _ 「솔」이라는 화폐단위를 사용하고 있으며 호텔과 고급 상점에서는 신용카드를 사용할 수 있으나 재래식 시장에는 현금이 있어야 물건을 구입할 수 있다.

● **비자** _ 페루는 비자 없이 3개월 동안 여행이 가능하다.

'인생은 짧고 예술은 길다'는 말을 페루에서 다시 한번 절감한다.
잉카인들은 사라졌어도 마추픽추는 여기 남아 그들의 존재를,
지난날의 영화로움을 홀로 증명하고 있다.

postcard from AMERICA

신과 인간이 함께 만든 알래스카의 보석
스케그웨이

태초의 모습을 고스란히 간직하고 있는 알래스카의 웅대한 자연.

from Skagway

알래스카를 여행하다보니 작은 샛강에서 낚시를 즐기고 있는 사람들을 자주 만나게 됩니다.
여유를 낚고 있는 모습이 참 평화롭습니다.
골드러시의 물결을 따라 스케그웨이에 모여들었던 그 많은 사람들은 지금 다 어디로 갔을까요.
일확천금을 향한 인간의 욕망이 이 도시를 만들었지만 이제는 고즈넉한 풍경만이 남아 있습니다.

- 낚시를 좋아하는 백종국 님께.

골드러시의 흔적, 스케그웨이

러시아의 표트르 대제는 발트 해와 태평양에 면한 항구를 소유하기 위하여 부단한 투자와 노력을 기울였다. 그래서 그는 당대 최고 탐험가인 덴마크의 베링이 시베리아와 태평양 연안을 탐험하는 데 후원을 아끼지 않았다. 표트르 대제의 사후에도 러시아 정부에서는 베링의 탐험을 적극적으로 지원하였고, 그 결과 1741년 베링은 마침내 알래스카를 발견하기에 이르렀다. 이후 러시아 모피상들에 의해서 세상에 알려지기 시작한 알래스카는 1867년 단돈 720만 달러를 받고 모든 영토와 그곳에 살고 있던 원주민들까지 미국에 팔아 넘겨졌다. 베링해에 터를 잡고 살았던 알레우트족의 언어로 「크나큰 대지」라는 뜻을 간직하고 있는 알래스카. 한반도 면적의 일곱 배에 이르는 알래스카는 지형에 따라 남, 북 알래스카와 내륙 알래스카로 나뉜다. 면적으로만 따지자면 북부와 내륙 알래스카가 대부분을 차지하지만 사람이 주로 거주하는 지역은 알래스카에서 가장 큰 도시이자 관문에 해당되는 앵커리지 남쪽이다.

앵커리지 남서쪽에 위치한 아담한 항구 「씨워드」에서 출발하는 유람선을 타고 「스케그웨이Skagway」로 향했다. 무엇인가를 찾아 바다 위를 선회하는 갈매기와 독수리, 어디가 숲이고 들판인지 구분하기조차 어려운 들판, 만년설 빙하가 녹아 만들어 내는 환상적인 피오르드에 이르기까지, 선상에서 바라본 스케그웨이는 한 폭의 커다란 그림같았다. 거대한 산과 산 사이에 터를 잡고 있는 나지막한 목조 건물, 신작로와 어깨를 나란히 하고 달리는 증기 기차, 서부 개척영화에나 나올 법한 마차도 등장하는.

사냥과 수렵으로 생계를 유지하며 살아가던 인디언의 터전인 스케그웨이에 이방인들이 모여들기 시작한 것은 다량의 황금이 매장된 광산이 발견되면서부터다. 스케그웨이의 골드러시는 1890년대 후반에 최고조에 달했다. 황금을 찾아 크고 작은 배를 타고 북극점을 넘어 온 탐험가와 금광업자만도 수천 명에 달했다. 현재 도시를 형성하고 있는 대부분의 건축물도 이때 세워진 것들이다. 그때 스케그웨이에는 1만여 명의 인구가 거주했는데, 당시 알래스카의 전체 인구가 5만이 넘지 못했던 것을 감안해보면 스케그웨이가 얼마나 큰 도시였는지 짐작해 볼 수 있다.

위 스케그웨이의 카페에서 관광객을 상대로 음악을 연주하는 주민.
그리고 경청하는 손님들.
아래 골드러시 당시 유행했던 복장으로 단장한 마부가
마차에서 손님을 기다리는 모습.

알래스카에서 가장 유명한 명소 가운데 한 곳인 글레이셔 만 자연유산지역의 빙하 풍경.

골드러시의 흔적을 고스란히 간직하고 있는 스케그웨이에서 가장 번화한 브로드웨이 거리를 걷다보면 자신도 모르게 당시의 분위기에 푹 빠져들게 된다. 서부 영화에서나 볼 수 있을 법한 선술집과 저마다 독특한 분위기를 연출하고 있는 크고 작은 상점들은 영락없이 영화의 한 장면이다. 방문객을 상대로 관광마차와 버스를 운행하는 주민들은 아예 말과 마차는 물론이고 골드러시 당시 유행했던 복장에 액세서리까지 착용하고 손님을 맞는다. 이런 풍경은 비단 관광객을 상대로 영업을 하는 사람들에게 국한된 것이 아니다. 주민들을 상대로 일상적인 생필품을 판매하는 상점의 주인이나 나들이 나온 주민들의 모습에서도 쉽게 찾아 볼 수 있다.

스케그웨이에서 가장 큰 건물이기도 한 「골드러시 센터」에는 금광을 발견하게 된 배경과 채취한 황금의 양, 동원된 광부, 스케그웨이에 거주하는 시민들의 생활상 등을 책자와 사진으로 기록하여 전시해 두고 있다. 또 한쪽에는 금을 채취하는 데 사용되었던 각종 도구와 광부들이 착용했던 안전장비 등이 전시되어 있어 한번 둘러보는 것만으로도 광부들의 삶과 문화를 살펴볼 수 있도록 꾸며 놓았다.

골드러시 센터 건너편에 있는 「빨간 양파 살롱Red Onion Saloon」은 1898년 처음 문을 연 이후 지금까지 영업을 계속하고 있는 유서 깊은 가게이다. 새롭게 보수한 일부를 제외하고는 처음 건축할 당시의 모습 그대로인 빨간 양파 살롱은 지금도 옛날 방식대로 운영되고 있다. 종업원들은 골드러시 당시 유행했던 옷을 입고 있으며, 주문과 동시에 즉석에서 현금을 지불하는 것이나 봉사료를 주고받는 방법까지 옛날식 그대로다.

「콜른디키 광산지역」은 아주 오래 전에 폐광되어 관람할 수는 없지만 승용차와 기차를 이용하여 주변을 둘러보는 것은 가능하다. 한때 북미 대륙에서 가장 많은 황금을 생산했던 콜른디키 광산으로 이어지는 길은 이곳이 자연의 보고임을 새삼 깨닫게 해 주는 풍경의 연속이다. 어린 새끼들과 함께 가파른 능선을 넘고 있는 뿔산양도 보이고, 숲과 들판에서 먹이를 찾고 있는 사슴과 시냇가에서 연어를 사냥하기 위해 기다리는 알래스카 불곰도 어렵지 않게 볼 수 있다. 옛 광산으로 향하는 길목에는 사금 채취와 연어 낚시를 할 수 있는 다양한 트레킹 코스가 개설되어 있어 누

주노에서 출발하여 캐나다의 벤쿠버까지 이어지는 해안에서 자주 볼 수 있는 풍경.

구나 손쉽게 알래스카를 체험해 볼 수 있다.

알래스카의 진정한 멋

스케그웨이 부근의 광활한 대자연은 알래스카의 진정한 멋을 대변하는 공간이라고 할 수 있다. 하지만 빙하만큼 가슴에 다가오는 것은 없을 성 싶다. 알래스카 전체의 약 5퍼센트를 차지할 정도로 면적이 넓은 빙하는 북부보다는 남부지역에 모여 있다. 일반적인 상식으로는 추운 북부지역에 빙하가 많을 것 같지만 현실은 정반대다. 북부지역은 기온만 낮을 뿐, 빙하를 형성하는 데 필수 조건인 강수량이 적어 빙하지역을 찾아보기 어렵다. 알래스카의 대표적인 빙하지역은 주도인 주노와 스케그웨이를 지나 북미 최고봉인 「매킨리 산」으로 이어지는 해안을 따라 몰려있다. 이곳에는 길이 100km가 넘는 글레이셔 만灣 빙하를 비롯 맨덴홀, 허버드, 주노, 존 홉킨스, 케이스멘 등 16곳이나 되는 빙하 군이 형성되어 있다.

알래스카 빙하지역의 특징이라면 접근이 용이하여 누구나 쉽게 다양한 빙하를 체험해 볼 수 있는 점이다. 거대한 빙하 군에서 분리되어 빙산을 이루어 이동하는 유빙流氷이나 크레바스crevasse(빙하의 표면에 생긴 깊은 균열)를 어렵지 않게 접할 수 있다. 알래스카의 빙하를 관람할 수 있는 방법은 크게 세 가지다. 우선 바다에 접해있는 빙하를 감상하려면 선박을 이용해야 한다. 스케그웨이와 주노에서 출발하는 크루즈 유람선을 이용하거나 보트를 타고 빙하에 접근할 수 있는데, 선상에서 즐기는 빙하 크루즈의 매력이라면 엄청나게 커다란 빙산들이 바다로 곧장 떨어지는 광경과 소리를 눈과 귀로 확인할 수 있는 점이다. 또 다른 방법은 헬리콥터와 비행기를 이용하여 빙하 한 가운데에 내려 빙하 위를 직접 걸으며 주변을 둘러본 후 공중에서 빙하와 어우러진 알래스카의 대자연을 관람하는 것이다. 끝으로 빙하 위에서 즐기는 트레킹을 들 수 있다. 빙하 트레킹은 빙하가 녹는 모습과 균열 등이 진행되는 과정을 가까이서 볼 수 있다는 점이 가장 큰 매력이다.

또한 스케그웨이에서 경험할 수 있는 자연 탐험 가운데 빼놓을 수 없는 것이 작

알래스카 빙하지역 중 가장 큰 규모를 자랑하는 맬러스피나 빙하는 트레킹으로 접근하기는 어렵다. 헬리콥터를 타고 빙하 위에 착륙하여 주변을 둘러보는 것이 효과적이다.

은 보트를 타고 다양한 해양 동물들을 찾아 떠나는「워칭 투어」다. 시즌에 따라 밍크고래와 범고래, 바다사자와 물개들이 출몰하는 지역을 찾아 떠나는 이 투어는 스케그웨이와 주노 사이에 위치한「글레이셔 만」이 가장 유명하다. 글레이셔 만에서 볼 수 있는 포유류는 밍크고래와 범고래다. 매일 출몰하는 횟수는 다르지만 글레이셔 만과 인근 해안에서는 언제나 고래를 볼 수 있다. 운이 좋으면, 숨을 쉬기 위하여 바다 위로 몸을 드러낸 고래를 수십 차례 목격할 수도 있다. 돌고래와 물개, 바다사자 등은 수시로 볼 수 있다. 글레이셔 만에 위치한 작은 섬에서는 수백 마리의 물개와 바다사자들이 휴식을 취하거나 낮잠을 즐기는 광경을 가깝게 접근하여 관찰하는 것도 가능하다.

눈이 부시도록 깨끗한 자태를 간직한 자연 그 속에 다양한 동물들이 유영하는 곳, 알래스카. 일확천금의 꿈을 품고 찾아온 사람들이 건설한 스케그웨이. 앵커리지, 주노를 비롯하여 시트카, 케치칸 등 저마다 흥미로운 사연을 한 아름씩 품고 있는 빙하의 고장들. 이곳 알래스카는 신과 인간이 함께 만든 아름다운 보석이다.

여행정보
SKAGWAY

MAP

1 인천 → 앵커리지 대한항공 직항 8시간

2 앵커리지 → 스케그웨이 앵커리지 남쪽의 씨워드에서 출발하는 로얄 캐리비안 유람선 이용 3일 소요, 자동차로는 20시간

● **찾아가는 길** _ 인천에서 알래스카의 관문인 앵커리지까지 운행되는 유일한 직항편인 대한항공을 이용하는 것이 편리하며 8시간이 소요된다. 여기서 스케그웨이까지는 앵커리지 남쪽의 씨워드에서 출발하는 로얄 캐리비안의 유람선을 이용하는 것이 가장 이상적이나 자동차를 이용하여도 갈 수 있다. 유람선을 이용할 경우 3일이 소요되고 자동차로는 20시간쯤 소요된다.

● **숙박** _ 스케그웨이는 마을의 규모는 작지만 여름 시즌에는 미국과 캐나다에서 많은 관광객이 방문하는 곳으로 작은 호텔과 그림처럼 예쁘게 꾸며진 민박집, 커다란 캠핑장이 자리 잡고 있어 숙박에는 별문제가 없다.

● **주변 볼거리** _ 직접 빙하 위를 걷는 빙하 투어와 작은 배를 타고 고래를 찾아 나서는 유람선 투어, 그리고 작은 카누를 이용한 낚시 등은 독특한 추억을 담기에 그만이다.

● **여행하기 가장 좋은 때** _ 크루즈 여행의 경우 6~8월 사이가 적합하고 일반적인 여행에는 5~6월이 좋다.

● **우편 정보** _ 스케이웨이는 작은 마을이기 때문에 우체국을 찾기가 쉽고 엽서는 우표만 구입하면 수시로 발송이 가능하다. 크루즈에 탑승하는 경우라면 유람선 안에서 모든 것을 처리할 수 있다.

● **통용화폐** _ 미국 달러를 사용하며 신용카드 사용도 편리하다.

● **비자** _ 미국 여행에는 반드시 비자를 받아야 한다.

일확천금을 향한 인간의 욕망이 만든 도시, 스케그웨이.
그러나 이제는 고즈넉한 풍경만이 남아있는 곳.
골드러시의 물결을 따라 이곳으로 몰려들었던 사람들은 지금 다 어디로 갔을까.

Blue Train

Fancourt Resort

Postcard 05

오늘도
새로움으로 즐겁다

*284
Venezia

*298
Ice Hotel

*310
Carib Cruise

postcard from REPUBLIC OF SOUTH AFRICA

지상에서 가장 아름다운 기차여행
블루 트레인

아프리칸의 척박한 산지를 달리고 있는 블루 트레인

from Blue Train

저는 지금 블루 트레인에서 차를 마시며 여유로운 시간을 보내고 있습니다. 빅토리아풍으로 장식된 파노라마 응접실에서 바라보는 풍광은 아프리카 여행의 참맛을 느끼게 해주는 것 같습니다. 이번 여행에서는 블루 트레인과 함께 아프리카에서 가장 아름다운 지역으로 알려진 가든 루트를 2주 가량 둘러볼 예정입니다. 여행을 마치고 귀국하면 얼른 찾아뵙고 블루 트레인에서 마련해 간 이야기보따리를 풀어놓겠습니다.

- 지금의 길을 걷도록 인도해 주신 이건일 회장님께.

위 블루 트레인에서 근무하는 종사자들이 잠시 휴식을 취하며 이야기를 나누는 모습.
아래 블루 트레인의 심벌 마크.

세계에서 가장 낭만적인
특급 열차

인천 공항에서 요하네스버그로 이동하는 동안 나는 한숨도 잘 수가 없었다. 이미 세 번이나 남아프리카공화국을 여행했지만, 이번 방문이 처음인 듯 가슴이 두근거렸다. 이번 여행에는 여느 때와 다른 특별한 스케줄이 내정되어 있기 때문이다. 바로, 「블루 트레인Blue Train」을 탈 수 있는 기회를 잡은 것이다! 지상에서 가장 호화롭고 멋진 열차라 불리는 블루 트레인!

요하네스버그 공항에 내리자마자 서둘러 짐을 찾아 프리토리아Pretoria 의 블루 트레인 전용 게이트로 이동했다. 이곳은 개통 당시부터 지금까지 블루 트레인의 메인 스테이션main station 으로 이용되고 있다. 철저한 예약제도로 운행되는 블루 트레인이 세상에 모습을 드러낸 것은 1901년. 처음에는 열차의 일부에만 블루 색상을 사용하다 지금처럼 명실상부한 블루 트레인Blue Train으로 영업을 시작한 것은 1946년부터다.

기관차 2대와 18개의 객차로 이루어진 블루 트레인에 탑승할 수 있는 승객은 76명을 초과할 수 없다. 승객에게 서비스를 제공하는 직원은 28명이며 객실에는 침대, 응접실, 욕실, 그리고 화장실이 구비되어 있다. 아침, 점심, 저녁은 물론이고 수시로 제공되는 간식과 음료까지 모두 무료다. 더욱 놀라운 것은 중간 기착지에서 진행되는 관광투어까지도 무료라는 사실. 블루 트레인에 탑승한 승객들이 지불하는 것은 개인적으로 사용하는 전화와 극진한 서비스를 제공한 종사자들에게 주는 봉사료 정도가 전부다.

블루 트레인을 이용하는 고객은 아프리카에 거주하는 사람보다는 유럽에서 여행 온 관광객들이 주류를 이룬다. 영국의 엘리자베스 여왕, 캐나다 수상들과 전직 미국 대통령, 남아프리카의 국부로 추앙 받는 만델라, 아놀드 파머와 타이거 우즈에 이르기까지, 세계적인 명사와 부호들이 이 열차에 탑승했다. 세계의 특급열차 중에서도 가장 고급스럽다는 명성답게 내부는 초특급호텔에 비교해도 손색이 없을 정도로 호화롭게 꾸며져 있다. 전 객실과 부대시설은 화려한 빅토리아풍으로 장식되어 있으며 물을 마실 때 사용하는 잔은 크리스털 제품이고, 포크와 나이프는 은제품,

케이프타운의 워터 프런트에서 바라본 테이블 마운틴.

음식을 담는 그릇은 본차이나를 사용한다.

블루 트레인을 총괄적으로 운영하는 매니저를 축으로 두 명의 보조매니저와 객실을 전담하는 팀, 요리 팀 등 각기 개별적인 공간에서 서비스를 제공하는 종사자들의 몸가짐은 그야말로 완벽 그 자체다. 대부분의 종사자들은 영어는 기본이고 독일어, 불어, 일본어, 그리고 아프리카의 주요 부족들의 언어까지도 자유롭게 구사하고 있으며 승객이 던지는 궁금증도 즉석에서 친절하게 해결해준다.

블루 트레인에서는 지정된 정류장 풍광이 아름다운 곳에 이르면 잠시 기차를 멈추고 승객들이 기념사진을 찍고 주변을 감상할 수 있도록 해준다. 물론 이런 경우에는 손님들이 놀라지 않도록 "주변에 아름다운 풍경이 있으니 기차를 잠시 멈춘다"는 안내 방송을 먼저 내보내는 것을 잊지 않는다.

중간 기착지에서 제공되는 투어도 매력만점이다. 세계에서 가장 큰 규모를 자랑하는 킴벌리Kimberley의 다이아몬드광산 방문과 박물관 견학을 비롯하여 와인농장 관람, 와인 시음 등 서너 차례의 투어를 제공해주는데 이 역시 모두 무료이다. 그뿐만이 아니다. 블루 트레인이 정차하는 모든 기착지마다 전용 승강장이 따로 마련되어 있으며 고급 시계 같은 기념품까지도 무료로 제공된다. 명성대로 모든 서비스가 세계 최고 수준이다.

아프리카의 낭만도시 케이프타운

1박 2일 동안 손님을 왕과 왕비로 만들어 버리는 블루 트레인이 가닿는 곳은 유럽보다 더 유럽답다는 케이프타운이다. 아프리카에서 가장 낭만적인 항구도시로 알려진 「케이프타운Cape Town」에는 온갖 시설이 다 모여 있다. 도심에 늘어선 빌딩과 고급 쇼핑몰은 런던이나 파리에 비교해도 손색이 없고, 항구를 따라 늘어선 크고 작은 상점과 주택들은 진정 이곳이 검은 대륙 아프리카인지 의구심을 갖게 만들 정도다. 국회의사당을 비롯하여 국립남아프리카박물관 등 수많은 볼거리가 구석구석에 산재되어 있지만, 케이프타운을 찾는 방문객이라면 누구나 가장 먼저 달려가는 곳은 도시의 상징인 「테이블 마운틴」이다.

해발 1067m에 해당되는 테이블 마운틴은 그 지명에서도 알 수 있듯이 정상이

블루 트레인이 지나는 길목, 그 근처 사파리 공원에 서식하는 코끼리.

마치 테이블처럼 평탄하다. 국립공원으로 지정, 관리되고 있는 테이블 마운틴에는 레스토랑과 카페는 물론이고 전망대와 산책로가 훌륭하게 마련되어 있어 현지인들에게도 인기가 높다. 흔히 도심 속에 자리한 국립공원이라 작다고 생각하기 쉬우나 주변을 한 바퀴 순회하려면 꼬박 한나절이 소요될 정도로 넓다.

테이블 마운틴에는 다양한 야생동물과 식물들이 서식하고 있다. 사슴, 사향고양이, 케이프망구스, 원숭이 등 어디서나 쉽게 야생 동물들을 볼 수 있다. 이곳에 있는 야생동물과 식물의 수는 영국 전역에 서식하는 숫자의 절반에 이른다. 그러나 다행인 것은 이 엄청난 수의 동식물을 구경하기 위해 이리저리 바쁘게 이동할 필요는 없다는 것이다. 그냥 산책로를 따라 가볍게 걸으면 자연스럽게 이곳의 모든 생명들을 거의 볼 수 있다.

테이블 마운틴 전망대에서 바라보는 풍경은 그야말로 장관이다. 케이프타운은 대서양과 접해 있기 때문에 동서남북 어느 방향에서 바라보아도 멋진 해안의 모습이 보인다. 청명한 날이면 해안선 끝자락에 위치한 희망봉과 아름다운 어촌도 보인다.

그럼 이번에는 항구에 자리 잡고 있는 「워터 프런트」로 이동해보자. 이곳에는 커다란 쇼핑몰을 중심으로 주변에 흩어져 있는 건물만도 수십 곳에 이른다. 그 중에서 가장 인상적인 상점은 「빅토리아 워프」와 「앨프리드 몰」이다. 엄청나게 커다란 이 두 곳의 쇼핑몰에는 세계 최고의 수준을 자랑하는 다이아몬드와 금은보석을 취급하는 상점이 수십 곳에 이른다. 토산품 가게와 음식점은 셀 수가 없을 정도.

아직 우리에게 아프리카는 「원시」의 이미지를 가장 먼저 떠올리게 하는 미지의 땅이지만, 사실 아프리카만큼 호화롭고 여유로운 휴식과 여가를 즐길 수 있는 휴양지도 없다. 원시와 현대가 공존하는 땅 아프리카. 인간과 동물 그리고 자연이 함께 대자연을 향해 질주하는 곳, 아프리카. 그곳은 진정 지상 최후의 낙원이 아닐까.

안개에 둘러싸인 케이프타운의 테이블 마운틴.

여행정보
BLUE TRAIN

MAP

1 인천 ⋯▶ 요하네스버그 홍콩 경유
14시간
2 요하네스버그 ⋯▶ 프리토리아의 블
루 트레인 전용 게이트 렌터카나
버스로 2시간

● **찾아가는 길** _ 우선 남아프리카공화국의 관문에 해당되는 요하네스버그로 이동한 다음 요하네스버그에서 프리토리아로 이동하여야 한다. 인천에서 요하네스버그까지는 직접 연결되는 항공편이 없어 홍콩이나 방콕을 경유하여야 하는데 홍콩을 경유하는 남아프리카 항공을 이용하는 것이 편리하다. 요하네스버그에서 프리토리아까지는 렌터카를 이용하거나 버스를 이용하여야 한다. 인천에서 요하네스버그까지는 14시간이, 요하네스버그에서 프리토리아의 블루 트레인 전용 게이트까지는 약 2시간이 소요된다.

● **숙박** _ 블루 트레인에 탑승하는 승객이라면 누구나 기차 안에서 숙식을 제공받는다. 블루 트레인의 모든 객실은 빅토리아풍으로 꾸며져 있으며 가장 호화로운 스위트 룸을 중심으로 여러 종류의 방으로 이루어져 있다.

● **주변 볼거리** _ 기차를 타고 움직이면서 관람하는 아름다운 풍광은 블루 트레인 여행의 가장 큰 매력 중 하나이다. 세계에서 가장 큰 규모를 자랑하는 킴벌리의 다이아몬드 광산과 멋진 와인농장도 볼 수 있다.

● **여행하기 가장 좋은 때** _ 남반구의 봄에 해당하는 10월과 가을에 해당되는 4월에 가장 아름다운 풍광을 접할 수 있다. 어느 때 방문해도 아름다운 풍광과 극진한 대접을 받을 수 있지만, 반드시 6주전에 예약을 해야 한다.

● **우편 정보** _ 엽서를 써서 직원에게 부탁하면 모두 무료로 처리해준다.

● **통용화폐** _ 기본적으로 남아공화국 란드를 사용하고 있으며, 블루 트레인 안에서는 달러와 신용카드도 통용이 된다.

● **비자** _ 남아프리카공화국은 비자 없이 3개월 동안 자유롭게 여행할 수 있다.

세계에서 가장 호화로운 특급열차를 타고 떠나는 길!
빅토리아풍 객실에서 손님을 왕과 왕비로 만들어 버리는
블루 트레인이 가 닿을 곳은 아프리카의 낭만도시 케이프 타운.
이 동화같은 여행이 끝나면 나는 담담하게 현실로 돌아와야 한다.
모든 여행의 끝인 그곳으로.

세계의 골퍼들을 설레게 하는 펜코트 리조트의 골프 코스

from Fancourt Resort

아프리카 최고의 리조트 가운데 한 곳인 펜코트는 골프장이 특히 유명하다고 하네요. 골프 하면 제가 김 형 말고 누굴 떠올릴 수 있겠습니까. 참, 김 형은 아프리카에 자주 오시니까 펜코트의 골프 코스도 이미 밟아보셨을지 모르겠군요? 앗, 시간이 벌써! 서둘러 펜코트를 향해 자동차 바퀴를 굴려야 할 것 같습니다. 확인은 서울에서 하도록 하지요!

- 골프 마니아 김규석 이사님께, 치치카마 국립공원 안 까페에서.

대자연을 무대로 멋진 라운딩을 즐긴다

국제적인 규모를 갖춘 케이프타운과는 비교할 수 없을 정도로 작은 도시, 조지 George. 하지만 이 조그만 도시 안에는 숨이 막힐 듯 아름다운 자연을 품고 있는 와일더네스 국립공원과 치치카마 국립공원, 그리고 지금부터 찾아갈 「펜코트 리조트 Fancourt Resort」가 있다. 대자연을 무대로 멋진 라운딩을 즐길 수 있는 펜코트 리조트는 흔히 「세계 골퍼들을 설레게 하는 꿈의 공간」이라 불린다.

조지공항을 빠져나와 「가든 루트 Garden Route」를 달리다보면 이곳이 아프리카라는 사실에 의구심을 갖게 된다. 긴 부츠에 헬멧을 착용하고 승마를 즐기는 가족, 연두색 공을 쫓아 이곳저곳으로 뛰어다니는 남녀, 유치원인지 가정집인지 좀처럼 구분할 수 없는 시설물, 그리고 나지막한 울타리 너머로 끝없이 펼쳐진 잔디밭과 평화롭게 옹기종기 자리한 고급 빌라들은 마치 유럽의 휴양지 같은 느낌이다. 차창 밖에 전개된 아름다운 풍경과 어깨를 나란히 하고 조금 더 달리자 첨단 보안시설이 갖추어진 자그마한 게이트가 보인다. 여기다. 바로 펜코트 리조트!

족히 10m는 넘어 보이는 가로수, 아프리카 특유의 화려한 색채를 간직한 꽃으로 가꾸어 놓은 정원, 대자연 속에 끝없이 펼쳐진 그린 Green (골프를 위한 잔디밭), 주변 풍광과 완벽하게 조화를 이루고 있는 크고 작은 시설물에 쉴 틈도 없이 감탄을 거듭하면서 클럽하우스에 도착했다.

남아프리카공화국이 낳은 불세출의 골프스타 게리 플레이어가 설계한 펜코트 골프장. 한 골프장 안에 18홀 짜리 코스를 4개나 개설해 놓은 이 골프리조트는 세계 어느 골프장과 비교해도 손색이 없을 정도로 모든 시설이 잘 갖추어져 있다.

2003년 프레지던트 컵과 2005년 국가대항 여자 월드컵대회가 「더 링크스 코스」에서 개최되면서 지구촌 골퍼들의 이목이 집중되기도 했던 펜코트 골프 코스의 중심은 메인 클럽하우스 남쪽에 있는 「몬테구 코스」다. 크고 작은 조형물까지도 게리 플레이어가 직접 설계한 이 골프 코스는 호수와 사계절 꽃을 볼 수 있는 정원, 주변의 웅장한 산과 절묘하게 어우러진 그림 같은 빌라형 숙소 등 어느 하나 눈길 가지 않는 곳이 없을 정도로 아름답다.

위 펜코트 리조트에 있는 빌라형 숙소.
골프장과 주변의 멋진 풍광을 감상할 수 있는 곳에 자리하고 있다
아래 가든 루트지역에 위치한 아담한 마을의 풍경.

몬테구 코스는 13번 홀에서 18번 홀까지 이어지는 코스가 가장 인기가 높다. 수많은 골퍼들이 이곳을 최고의 코스로 꼽는 이유는 웅장하고 아름다운 자연을 배경으로 야생조류들과 함께 라운딩을 즐길 수 있기 때문이다. 티오프$^{tee\ off}$(골프에서 제1타를 치는 일)를 하는 곳과 코스 중간지점에는 남아프리카공화국에서만 볼 수 있는 전통적인 건물들이 자리 하고 있어 편안하면서도 이색적인 느낌으로 라운딩을 할 수 있다는 것도 특징이다.

언뜻 보기에는 스코틀랜드의 골프 코스와 흡사해 보이는 「더 링크스 코스」는 인공적인 시설물을 극도로 배제하고 남아프리카의 독특한 자연환경을 그대로 이용하여 설계하였다. 자연 그 자체의 분위기를 최대한 살렸기 때문에 급격한 경사면과 숲, 연못 등이 많아 일부 코스의 경우 버기(골프카)를 이용할 수 없는 곳도 있다.

「아웃에니큐」, 「브램벨 코스」는 자연과 정원 사이를 넘나들며 여유롭게 골프를 만끽할 수 있도록 설계해 놓은 점이 특징이다. 단순한 골프 코스라기보다는 마치 고급 저택의 정원같기 때문에 섬세한 여성 골퍼들에게 인기가 높다.

타임머신을 타고 중세의 황제가 되어

펜코트의 다양한 시설들은 머무는 이들에게 최고의 안락함을 선사한다. 직접 라운딩에 참가하는 골퍼는 말할 것도 없고, 일행 중 골프를 즐기지 않는 여성이나 노약자 그리고 어린이 등이 편안하게 휴식과 놀이를 만끽할 수 있는 공간을 따로 마련해 두어 누구나 원하는 곳에서 자유롭게 시간을 보낼 수 있다. 어린이를 위한 안전한 놀이 시설도 잘 갖추어 놓아 부모들이 안심하고 골프에 집중할 수 있도록 배려했다. 그 외에도 골프를 처음 접하는 사람을 위한 골프 아카데미와 여러 개의 테니스 코트, 헬스클럽, 뷰티 코너, 실내외 수영장, 생태체험공간, 쇼핑센터 등이 있으며 골프 코스를 따라 산책이나 조깅, 승마를 즐길 수도 있다.

리조트 내 숙박시설은 선택의 폭이 다양하다. 호텔을 비롯, 가족이나 친지끼리 머물 수 있는 고급 빌라형 숙소, 전통적인 아프리카 양식의 커티지가 있는데 그 중

아프리카 초원에 만들어 놓은 고급 리조트의 수영장. 수영을 즐기면서 야생동물도 볼 수 있다.

에서 가장 멋진 곳은 친절한 서비스가 제공되는 호텔이다. 고풍스럽고 우아한 침실과 세심하게 준비된 소비용품들, 골동품을 연상시키는 가구, 각종 친환경제품들은 호화롭고 세련된 분위기를 연출한다. 객실에 들어서면 마치 타임머신을 타고 중세로 돌아가 황제가 된 기분이다. 부호들과 장기 체류자들이 주로 애용하는 고급 빌라는 골프장이 내려다보이고 전망이 뛰어나다. 각기 독립된 숙소인 커티지에 머물 경우에는 원하는 음식을 직접 요리해 먹는 것도 가능하다.

그럼 이제는 펜코트 리조트에서 나와 도시를 좀 돌아볼까? 우테니카 산맥 기슭에 위치한 도시 조지에는 26곳에 이르는 트레킹 코스와 3곳의 환상적인 드라이브 코스가 개설되어 있다. 그 가운데서 가장 많은 방문객들이 찾는 곳은 인근에 자리 잡고 있는 와일더네스 국립공원과 치치카마 국립공원, 그리고 캉고 동굴유적지다. 펜코트 골프장에서 자동차로 20여 분이면 갈 수 있는 와일더네스 국립공원은 수많은 동식물이 서식하고 있는 생태계의 보고이다. 와일더네스 국립공원에 이렇게 여느 곳에서는 쉽사리 찾아볼 수 없는 다양한 생태계가 갖춰질 수 있었던 이유는 공원 안에 다섯 곳의 커다란 호수와 강이 거미줄처럼 연결되어 있어, 이를 따라 어류와 조류 등 각종 동식물이 서식할 수 있었기 때문이다.

치치카마 국립공원 역시 흥미로운 생태계를 접할 수 있는 곳으로 유명하다. 펭귄과 돌고래 등을 수시로 목격할 수 있으며, 9~10월 사이에 공원을 찾으면 지상에서 서식하는 포유류 가운데 크기가 가장 큰 밍크고래도 볼 수 있다. 그래서 고래가 출몰하는 시즌이 다가오면 세계에서 모여드는 관광객으로 이곳은 인산인해를 이룬다. 캉고 동굴유적지는 종유석으로 이루어진 동굴 지역으로 연중 18℃를 유지하고 있다. 동굴 구석구석에는 과거 이곳에서 생활했던 부시맨들이 암벽에 그려 놓은 벽화가 보존되어 있다.

「세계에서 가장 아름다운 길」이라 불리는 가든 루트의 중심에 위치한

여명 속에 있는 펜코트 리조트의 메인 오피스.

도시 조지는 수많은 방문객들을 매혹시키는 참 멋지고 정겨운 도시다. 하지만 아름답고 개성이 넘치는 골프 코스와 편리한 시설, 감동 서비스를 제공하는 펜코트가 없었다면 오늘날 조지는 아마 그저 평범한 도시에 불과하지 않았을까?

여행정보
FANCOURT RESORT

1 인천 ⋯▸ 요하네스버그 홍콩 경유
14시간

2 요하네스버그 ⋯▸ 포트 엘리자베스
남아프리카 항공 이용 1시간 30분

* 케이프타운 ⋯▸ 펜코트 리조트 항공기는 1시간 30분, 자동차는 약 20시간

● **찾아가는 길** _ 인천공항에서 홍콩을 경유하여 요하네스버그로 이동한 다음 다시 항공편으로 포트 엘리자베스까지 이동. 남아프리카 항공을 이용하는 것이 편리하다. 총 소요 시간은 약 16시간. 케이프 타운에서는 항공기와 자동차를 이용하여 펜코트까지 갈 수 있는데 항공기는 1시간 30분이, 자동차는 약 20시간이 걸린다.

● **숙박** _ 가족 단위로 편안하게 휴식을 취하면서 골프와 레저를 즐길 수 있는 호텔과 독립된 빌라형 숙박시설이 있다. 여느 여행지와 다른 점이 있다면 어느 숙소이건 고급이라는 사실이다.

● **주변 볼거리** _ 다양한 풍광과 생태계를 엿볼 수 있는 국립공원과 환상적인 마을이 늘어선 가든 루트 등 볼거리가 즐비하다.

● **여행하기 가장 좋은 때** _ 사계절 어느 때 방문해도 좋지만 남반구의 봄에 해당되는 9월과 10월, 그리고 고래를 볼 수 있는 11월도 좋다.

● **우편 정보** _ 펜코트는 PGA 골프 경기가 펼쳐질 정도로 유명한 리조트 지역으로 엽서와 편지는 물론이고 소포 같은 간단한 짐까지도 호텔 데스크에서 처리해 주고 있다.

● **통용화폐** _ 남아공화국 란드를 사용. 국내에서 환전이 불가능. 공항과 은행에서 환전이 가능하다.

● **비자** _ 비자 없이 3개월 동안 자유롭게 여행할 수 있다.

세계 골퍼들을 설레게 하는 꿈의 공간에서
대자연을 무대로 멋지게 라운딩을!
아무리 노력해도 떨쳐낼 수 없던 기억들이
저 멀리로 통쾌하게 날아간다. 나이스 샷!

가면을 쓰고 축제 속에 뛰어들다!
베네치아

화려하고 독특한 의상을 입고 산 마르코 광장에 나타나 포즈를 취하고 있는 시민.

from Venezia

아드리아 해의 밤바람을 타고
감미로운 선율이 호텔방 안으로 날아드는군.
파도의 리듬에 맞춰 곤돌라가 춤을 추고 있는가 봐.
당신, 우리가 이아와 함께 산 마르코 광장을 바라보았던 것 기억하지?
카니발이 시작되는 내일부터는 아마 이 서정적인 분위기를
당분간 맛볼 수 없을 테니, 서둘러 지금을 카메라에 담아두어야겠어.
사랑하는 당신은 이아와 함께 지금쯤 꿈속에 푹 빠져 있겠군.

- 아내 김미현에게.

자유와 사랑을 꿈꾸는
유럽 문화의 응접실

118곳의 섬과 200개가 넘는 운하, 그리고 저마다 흥미로운 사연을 간직한 400여 개의 그림 같은 다리가 서로 어우러진 도시, 베네치아Venezia. 동양으로 통하는 관문이자 또 하나의 독립된 비잔틴 구역인 베네치아는 자유와 사랑을 꿈꾸는 유럽의 문화 응접실이다.

아드리아 해에 떠 있는 섬 베네치아는 매년 방문하는 관광객의 숫자만도 2000만여 명에 이르는 세계적인 관광지다. 이 물의 도시를 찾는 방문객이라면 누구나 가장 먼저 달려가는 장소가 있다. 도시의 상징에 해당하는「산 마르코 광장」이 바로 그곳이다. 베네치아를 일약 세계적인 무역국으로 만들어 놓은 마르코 폴로를 기념하기 위하여 만든 산 마르코 광장을 수많은 명사와 예술가들은 입에 침이 마르도록 예찬했다.

광장의 중심은「산 마르코 대성당」이다. 약 200년의 공사기간을 걸쳐 완성한 대성당은 동서양의 건축술이 멋진 조화를 이룬 건물로 유명하다. 동양의 신비로운 돔dome과 서양의 우아한 아치arch가 어우러진 대성당은 수백 개에 이르는 희귀한 유물과 예술품으로 장식되어 있다. 입구를 장식하고 있는 모자이크와 황금으로 도금된 마가의 말, 그리고 성당 안에 있는 유물들은 특히 유명하다. 성당 정면을 장식한 모자이크는 13~17세기 사이에 제작된 것으로 무척이나 화려하다. 동방에서 가져온 보물이 가득한 유물관을 한 번 둘러보면 당시 베네치아가 얼마나 엄청난 부를 축적했는지 알 수 있다.

베네치아는「축제의 도시」라고 말해도 과언이 아니다. 영화제, 비엔날레, 음악회, 곤돌라 축제 등 이름만 이야기해도 누구나 다 알 수 있는 행사만도 1년에 10여 차례 이상 열린다. 그 중에서도 사순절에 열리는 카니발과 9월 첫째 주에 열리는 곤돌라 축제가 가장 유명하다.

지금으로부터 약 800년 전 베네치아 공화국과 아퀼레이아 대주교의 관할국 사이에 벌어졌던 싸움을 기념하기 위하여 시작한 카니발canival은 전쟁의 승리를 자축하기 위해 커다란 소와 돼지를 죽이는 의식을 했던 것에서 출발하였다. 이런 의식들

세월의 무게가 느껴지는 고즈넉한 건물 앞에서 포즈를 취하고 있는 카니발 참가자.

은 오랜 세월 동안 계속되다가 1525년, 그 잔인성을 걱정한 베네치아 왕이 도살을 금지시키고 대신 민속 공연과 숙련된 곡예사들로 하여금 공연을 펼치도록 하면서 본격적인 축제로 발전하였다. 18세기 때는 유럽을 총망라하여 가장 큰 축제로 발전하기도 했던 베네치아 카니발은 베네치아 공화국의 국력이 쇠퇴하면서 행사의 규모도 축소되었다. 그 후 명맥만 유지되어 오다가 1970년대 후반에 이르러 문화 복원과 관광객 유치 차원에서 대대적인 행사로 다시 치러지기 시작했다. 매년 축제가 개최되는 날짜가 달라지나 일반적으로 2월 중순부터 3월 초까지 3주 동안 계속되며 중심지역은 산 마르코 광장이다.

가면을 쓰고 자유롭게 카니발에 뛰어들다!

먹이를 찾아 광장을 헤집고 다니던 비둘기들이 갑자기 하늘을 향하여 비상하는 곳에는 어김없이 독특한 복장에 가면을 착용한 사람들이 서 있다. 다양한 모양과 색상의 가면, 개성을 잘 드러낸 화려한 의상, 컬러풀한 얼굴, 그리고 독특한 액세서리를 하고 나타난 그들의 모습은 뛰어난 조형미를 간직한 베네치아의 건축물과 너무도 잘 어울린다.

카니발 참석자들이 가면을 착용하게 된 이유는 자신의 얼굴을 가림으로써 상대방에게 자신의 신분이나 인적사항을 노출하지 않기 위해서다. 엄격한 신분사회가 지켜졌던 중세 때는 어느 곳에서도 자신의 신분을 벗어날 수 없었다. 하지만 카니발이 열리는 기간 동안에는 가면을 쓰고 누구나 평등한 위치에서 축제를 즐겼다.

가면과 화려한 복장을 착용하고 축제에 참가하는 사람은 줄잡아 1000명 정도.

베네치아의 초저녁 풍경.
이곳은 늦은 밤까지 활기가 넘치는 축제의 도시.

위 산 마르코 대성당의 출입구에 장식된 화려하고 멋진 모자이크 작품.
아래 베네치아 거리에 설치해 놓은 비엔날레 출품작.

참가자들은 자신이 편리한 시간에 광장이나 골목, 카페나 상점 앞에 구름처럼 나타났다 바람처럼 사라져 버린다. 대부분의 참가자들은 베네치아 시민들이지만 프랑스와 오스트리아, 벨기에 등 멀리서 원정 온 사람들도 꽤 보인다.

혼자 이리저리 다니면서 멋진 포즈를 연출하는 참가자도 보인다. 서너 명이 팀을 이뤄 카페와 궁전의 회랑에서 독특한 포즈를 취하기도 한다. 두칼레 궁전의 회랑과 계단에서 고귀한 자태로 포즈를 취하는 사람, 산 마르코 대성당의 조각상 앞에서 요염한 포즈로 관광객의 발걸음을 잡는 사람, 베네치아에서 가장 높은 종탑을 배경으로 마치 마네킹같이 서 있는 사람, 유서 깊은 해리즈 바에서 차를 마시며 여유를 즐기는 사람… 하나같이 다 개성이 넘친다.

카니발에 참가하는 인원은 남성보다는 여성이 훨씬 많다. 하지만 목소리만 놓고 판단한다면 대부분 남성으로 착각하기 쉽다. 몸을 치장한 화려한 의상과 분위기가 분명 여성임에 틀림없어 보이는 데도 목소리는 마치 중년남성의 음성처럼 느껴진다. 그 원인은 얼굴을 가리는데 사용하는 가면 때문이다. 가면 때문에 저음에 가까운 소리를 발산하고 있어 목소리만 가지고는 남녀를 구분할 수 없다.

축제가 열리는 3주 동안 베네치아는 지구촌에서 몰려온 사람들로 인산인해를 이룬다. 축제를 주도하는 층은 베네치아에 뿌리를 내리고 살고 있는 시민들이지만 축제에 참여할 수 있는 사람들을 특별히 제한하지는 않는다. 그래서 베네치아를 방문한 관광객과 취재진들은 직접 축제에 참가하기도 한다. 산 마르코 광장에는 얼굴에 직접 가면을 그려주거나 의상을 대여해 주는 상점이 여러 곳이 있어서 외부인들도 쉽게 축제의 주인공이 되어 광장과 골목을 누빌 수 있다.

한 편의 역사극 곤돌라 축제

가을이 시작되는 9월은 또 다른 축제의 시즌이다. 비발디음악제, 베니스영화제 등 다양한 행사가 열리는데 그 중 가장 시민들의 관심을 모으는 것은 옛 전통을 재현하는 「곤돌라 축제」다. 곤돌라 축제는 그 이면에 베네치아 주민들의 삶과 문화가 고스란히 숨

베네치아 곤돌라 축제 가운데 가장 인기가 높은 행사인 곤돌라 경기가 시작되기 직전.

어 있는 아주 독특한 행사이다. 곤돌라 축제의 공식 명칭은 「레가타 스토리카 축제」이다. 「아드리아 해의 여왕」으로 명성을 떨쳤던 먼 옛날을 연상시키는 이 축제는 산 자카리아 교회 앞에서 출발하여 베네치아의 관문에 해당되는 산타루치아 기차역까지 이어진다. 9월 첫째 주 일요일 정오에 막이 오르는 곤돌라 축제는 크게 두 종류로 분류된다. 하나는 화려한 의상에 저마다 독특한 선박을 타고 펼치는 퍼레이드이고, 다른 하나는 각 섬을 대표하는 주민들이 팀을 이루어 펼치는 곤돌라 경주대회다.

중세 복장으로 치장한 왕과 왕비, 왕자와 공주, 동서양을 넘나들며 부를 축적했던 무역상, 가난한 어부, 그리고 꽃을 파는 어린 소년과 할머니가 탄 화선에 이르기까지 퍼레이드에 참가하는 선박은 100여 대에 이른다. 한편의 역사극을 보는 것 같다. 왕의 배를 중심으로 사방에 늘어선 선박들은 축제를 위하여 고증을 걸쳐 특별히 만들어졌다. 제각기 다른 모양과 크기를 자랑하는 선박들이 펼치는 퍼레이드는 4시간에 불과하지만 이 광경을 보려는 시민들과 방문객으로 거리는 가득 찬다.

퍼레이드가 끝나면 이어서 곤돌라 경주대회가 펼쳐진다. 작은 목선을 타고 혼자서 질주하는 1인 경기부터 두 사람이 짝을 이뤄 질주하는 2인 경기, 4인 경기, 8인 경기 등 종목은 다양하다. 남녀가 따로 팀을 구성하여 펼치는 경주대회는 축제의 하이라이트로 베네치아를 온통 열광의 도가니 속으로 몰아넣는다. 각 마을 단위로 팀을 구성하여 펼치는 경기답게 응원하는 팀도 뚜렷하게 구분되어 있다. 방문한 관람객들도 어디든 마음에 드는 팀을 선택하여 열심히 환호하기만 하면 된다. 경기가 끝난 후에는 우승팀을 축하하며 어느 마을에서나 주민들과 방문객이 하나가 되어 준비한 음식을 먹고 밤새도록 이야기꽃을 피운다. 레가타 스토리카 축제의 가장 큰 매력은 이 정겨운 뒤풀이가 아닐까.

베네치아는 축제 외에도 많은 볼거리로 방문객을 유혹한다. 유리 특산품을 생산하는 무라노 섬을 비롯하여 베네치아 문화의 중심지였던 토르

곤돌라 축제에 참가한 시민들이 퍼레이드를 펼치고 있는 모습.

첼로 섬, 영화제가 열리는 무대이자 많은 영화의 배경이 된 리도 섬, 옛 모습을 잘 보존하고 있는 어촌 부라노 섬, 괴테와 하이디가 사랑했던 카페 플로리안 등등. 아드리아 해에 떠있는 거대한 보석 베네치아는 신비롭고 궁금한 것으로 가득 차 있다. 카니발과 곤돌라 축제는 사실 이 전설적인 도시의 일부를 보여주는 시각적인 향연에 불과하다.

여행정보
VENEZIA

1 인천 ··· 로마 직항 12시간
2 로마 ··· 베네치아 유로스타(ES)로 2시간 30분.

● **찾아가는 길** _ 인천에서 로마까지 직항으로 운행하는 대한항공이나 알이탈리아 항공을 이용하는 것이 편리하다. 소요 시간은 12시간. 이탈리아 국내에서는 로마와 피렌체, 밀라노 등에서 출발하는 기차를 이용하여 갈 수 있다. 소요 시간은 기차의 종류에 따라 달라지는데 이탈리아에서 가장 빠른 유로스타(ES)를 이용할 경우 로마에서 베네치아까지는 2시간 30분, 피렌체에서는 1시간 50분, 그리고 밀라노에서는 2시간 40분이 소요된다.

● **숙박** _ 이탈리아를 대표하는 관광명소이니만큼 다양한 숙박시설이 있다. 많은 호텔이 소설이나 명화의 무대가 되기도 했다. 숙박 요금도 엄청나게 고가인 호텔부터 매우 저렴한 호텔까지 다양하기 때문에 자신의 수준에 맞는 장소를 선택하는데 별 어려움이 없다. 관광 안내소에서 숙박 정보를 제공하고 있으니 일정한 수수료를 지불하고 예약을 부탁하는 것도 경비를 아끼는데 도움이 된다.

● **여행하기 가장 좋은 때** _ 베네치아에서는 사계절 내내 흥미로운 축제와 행사가 열리고 있어 특별히 좋은 시기를 구분 짓는 것 자체가 불가능하다. 곤돌라 축제와 영화제가 열리는 9월과 카니발 축제가 열리는 2월에 방문하면 가장 풍성한 문화를 접할 수 있다.

● **우편 정보** _ 베네치아의 우편 사정은 매우 양호한 편이다. 우체국을 따로 찾아가지 않고 거리의 상점이나 호텔에서 우표를 구입하여 엽서를 부칠 수 있다.

● **통용화폐** _ 유로. 신용카드 사용도 편리함.

● **비자** _ 이탈리아는 무비자로 3개월 동안 여행이 가능하다.

「계속해서 오라」는 의미의 라틴어 「Veni Etiam」에서
그 이름이 시작되었다는 베네치아.
거미줄처럼 연결된 고즈넉한 골목과 예술적 향기로 넘쳐나는
크고 작은 공간들을 충분히 즐기려면 한두 번의 방문으로는 부족하다.
이 매혹적인 도시를 제대로 발견하려면 라틴어의 최면에 걸리는 수밖에.

postcard from **FINLAND**

실존하는 성을 모델로 만든 케미의 얼음성. 호텔로 사용하고 있어 누구나 투숙이 가능하다.

북구에서 느끼는 색다른 경험
얼음호텔

from LumiLinna

오늘부터 사흘 동안 내가 머물게 될 곳은 이 지역 최고의 명물인 얼음호텔이야.
객실 평균기온이 영하 5℃라나. 후~ 하지만 내가 느끼는 온도는 영하 10℃쯤은 될 것 같네.
내 마음을 노곤히 녹여주던 당신의 따뜻한 음성을 오늘은 들을 수 없기 때문이 아닐까.
이렇게 추운 곳에 오면 당신이 더욱 그립다.

- 사랑하는 아내 김미현에게.

얼음으로 만든 성, 루미 린나

피곤한 몸을 기차에 맡기고 얼마쯤 달렸을까? 하얀 눈을 한 아름씩 안고 있는 자작나무와 숫자를 파악할 수 없을 정도로 많은 호수를 지나 핀란드의 아담한 항구도시「케미Kemi」에 도착했다. 이곳에는 얼음으로 만든 성「루미 린나Lumi Linna」가 있다. 우리에게는「얼음호텔」로 더 잘 알려진 곳이다. 얼음으로 만든 성, 실물을 보지 않고서는 상상조차 하기 어려운 이 환상적인 구조물은 단순한 건축물이 아니다. 많은 인력과 중장비를 투입하여 만드는 하나의 거대한 예술품이다.

수만 평에 이르는 넓은 공간에 만들어진 루미 린나는 매년 그 모양을 달리한다. 얼음으로 만들었기 때문에 유지하는 데 시간적 한계가 있기 때문이기도 하지만, 진짜 이유는 한 번 건축한 모양을 다시는 만들지 않기 때문이다. 얼음성은 눈이 본격적으로 내리기 시작하는 11월 초부터 중장비를 동원하여 만들기 시작한다. 현존하는 성의 모양을 모델로 하여 짓는데 꼬박 3개월이 걸린다. 손님을 맞는 기간은 2월 1일부터 4월 셋째 주말까지로, 두 달이 조금 넘는다. 얼음성에 입장할 수 있는 방법은 두 가지 뿐이다. 관람티켓을 구입하여 입장하거나 아니면 성 안에 위치한 얼음호텔에 투숙하는 경우다. 전자는 오전 10시부터 오후 6시까지 이용이 가능하다.

카페, 교회, 갤러리, 놀이터 등 저마다 독특한 공간으로 이루어진 얼음성에서 관람객의 이목을 가장 집중시키는 곳은 얼음호텔이다.「얼음호텔」이란 말에서 짐작할 수 있겠지만, 이곳이 여타 호텔과는 확연히 다른 점은 모든 시설이 얼음이란 사실이다. 일반 호텔에서는 따뜻하고 푸근한 상태로 잠을 청할 수 있겠지만 얼음호텔은 다르다. 얼음호텔에는 난방 기구가 전혀 없다. 그 흔한 난로도 찾아볼 수 없다.

얼음과 드라이 플라워를 이용하여 만든 액세서리로 모든 방에 이런 액세서리가 장식되어 있다.

열을 발산하는 물건은 어둠을 밝히는데 사용되는 작은 할로겐 램프 하나뿐이다. 얼음으로 만들어진 공간답게 어느 곳이나 온도가 비슷하다. 대략 영하 5℃에서 6℃ 정도. 한국인에게는 상당히 춥게 느껴지는 기온이지만 북극권에 위치한 케미 지방에서 이 정도 기온은 결코 추운 날씨가 아니다. 그저 조금 차가운 수준이다.

편안한 잠자리를 위하여 얼음호텔을 찾는 경우는 드물다. 투숙객들은 다른 곳에서는 느낄 수 없는 북구만의 독특한 분위기를 맛보기 위해 이곳에 온 사람들로, 추위 그 자체를 즐긴다. 추운 호텔인 만큼 투숙객에게 제공되는 이부자리도 다양하다. 얼음으로 만든 침대 위에 순록 모피와 담요, 침낭을 깔고 가벼우면서도 보온이 뛰어난 이불을 덮게 해주기 때문에 잠을 자는 동안에는 추위를 크게 느낄 수 없다. 하지만 잠에서 깨어나 눈을 뜨는 순간만큼은 아무리 중무장한 상태라고는 하지만 정말 춥다(!). 따라서 얼음호텔에서는 투숙객들이 일어나 움직이기 시작하면 가장 먼저 따뜻한 차와 정성이 가득 담긴 아침 식사를 제공해 주는 것을 잊지 않는다.

얼음호텔에는 이색적인 공간도 많다. 그 중 한 곳이 각종 음료와 음식을 즐길 수 있는 카페다. 여기서 판매되는 음료 중에서 보드카의 인기는 단연 으뜸이다. 보드카를 마시는 방식도 특이하다. 얼음으로 만든 잔에 보드카를 가득 채운 다음 단숨에 마시고 잔을 바닥에 던지는 독특한 방법인데, 이 전통은 얼음성이 생긴 이래로 계속 지켜지고 있다. 북극에서만 맛볼 수 있는 그린 연어와 순록고기를 이용하여 만든 샌드위치도 얼음호텔만의 특별한 메뉴.

성 입구와 호텔 사이에 자리 잡고 있는 갤러리에는 30여 점에 이르는 크고 작은 조각품들이 전시되어 있다. 얼음을 정교하게 다듬어 만든 조각이 주류를 이루는데, 하나같이 섬세하고 아름답다. 갤러리와 마주보고 있는 교회에서는 예약자에 한하여 결혼식을 치를 수 있도록 해 준다.

얼음성에서는 투숙객과 방문객 모두가 참여할 수 있는 다양한 이벤트도 마련하고 있다. 그 중 가장 쉽게 참가할 수 있는 행사는 매주 토요일마다 개최되는 얼음조각상 만들기 대회다. 모든 참가자들은 얼음성을 관람하기 위하여 찾아온 방문객들이다. 보통 반나절에 걸쳐 경연을 펼치는데, 특별히 주제를 정하지 않아도 되고 크

위 라프란드 지역을 찾은 관광객들이
사미족의 전통 주택에서 휴식을 취하고 있다.
아래 사리셀케 마을에 조성된 이글루 빌리지의 얼음호텔.

이글루 룸. 지붕과 벽이 모두 유리로 되어 있어 하늘에 떠 있는 별과 오로라를 구경하면서 북구의 긴 밤을 보낼 수 있는 낭만적인 숙소다.

위 케미의 얼음호텔 일반객실로 이부자리를 제외한 모든 것이 얼음으로 만들어져 있다.
아래 얼음호텔 안에 있는 교회. 예배를 드릴 수도 있고 사전 예약하면 결혼식도 올릴 수 있다.

기의 제한도 없다. 그저 참가자가 원하는 것을 만들면 된다.

에스키모의 삶을 체험할 수 있는 이글루 빌리지

케미에서 북극점을 향하여 자동차로 6시간 남짓 이동하면 「사리셀케 Saariselka」라는 산촌 마을에 이른다. 일 년 중 눈 내리는 날이 120일이 넘을 정도로 눈이 많이 내리는 사리셀케는 북유럽을 통망라하여 가장 흥미로운 겨울 레포츠를 즐길 수 있는 고장으로 알려져 있다. 얼음을 뚫고 연어를 잡아 올리는 얼음낚시, 순록과 시베리안 허스키가 끄는 썰매를 타고 설원 위를 질주하는 「순록과 허스키 투어」등 겨울의 낭만을 만끽할 수 있는 재미가 가득하다. 에스키모의 삶을 맛볼 수 있는 얼음호텔인「이글루 빌리지 Igloo Village」 역시 독특한 명소이다.

이글루 빌리지의 얼음집은 겉으로 드러난 모양새는 모두 비슷해 보이지만 조금만 자세히 살펴보면 각기 다른 점을 쉽게 발견할 수 있다. 각 방은 숫자가 아니라 이 지방에서 흔히 볼 수 있는 순록이나 사슴 같은 동물 그림으로 표시되어 있다. 방마다 독특하고 흥미롭게 꾸며진 이 얼음집은 겨울 시즌 동안만 호텔로 이용되기 때문에 실제 사용 기간은 1월초부터 4월말까지 단 4개월에 불과하다. 겨울이 계절의 절반에 가깝지만 4개월 정도만 영업을 하는 까닭은 11월부터 얼음집을 만들기 시작해도 꼬박 2개월이 소요되기 때문이다.

작은 문을 열고 얼음집 안으로 들어서면 밖에서 느낀 것과는 다르게 제법 아늑하다. 실내 온도는 영하 11℃에서 12℃ 정도. 케미의 얼음호텔보다 3~4℃나 더 낮지만 생각보다 그렇게 춥지는 않다. 역시 케미의 얼음호텔처럼 얼음 침대 위에 순록 가죽과 담요, 침낭 등이 제공되고 따끈한 차와 커피가 머리맡에 언제나 준비되어 있다.

유리로 만들어진 「이글루 하우스」는 눈이 얼굴 위로 떨어지는 풍광과 북구의 환상적인 은하수를 감상할 수 있어 매력적이다. 참, 이곳은 신혼부부에게 특히 인기가 높으니 투숙하려면 예약이 필수다.

여행정보
ICE HOTEL

MAP

1 인천 ⋯ 케미 암스테르담 경유, 헬싱키 도착. 13시간 소요. 헬싱키에서 항공기로 1시간 20분, 기차로는 9시간 30분.

2 인천 ⋯ 사리셀케 헬싱키에서 이발로까지 항공기로 2시간 이동. 이발로에서 사리셀케까지는 자동차로 30분.

● **찾아가는 길** _ 루미 린나와 이글루 빌리지로 가려면 암스테르담을 경유하는 네덜란드 항공을 이용하여 헬싱키로 가는 것이 편리하다. 소요시간 13시간. 루미 린나가 위치한 곳은 케미라는 항구로 헬싱키에서 항공기와 기차를 이용하여 갈 수 있다. 항공기를 이용할 경우 1시간 20분이 소요되고 기차를 이용할 경우에는 9시간 30분이 소요된다.

이글루 빌리지가 있는 사리셀케로 가려면 헬싱키에서 항공기를 이용하여 이발로까지 이동한 다음 이발로에서 사리셀케까지 렌터카와 택시, 버스로 이동하면 된다. 항공기를 이용할 경우 헬싱키에서 이발로까지 2시간이, 공항에서 사리셀케까지는 자동차로 30분이 소요된다.

● **숙박** _ 대부분의 방문객들은 얼음호텔에서 투숙한다. 북구의 오로라와 별을 보면서 잠을 청할 수 있는 유리로 만든 숙소를 비롯하여 온통 얼음으로 만들어 놓은 다양한 숙박시설에서 투숙이 가능하다. 가격은 객실에 따라 1인 기준으로 90~200유로 수준.

● **주변 볼거리** _ 아름다운 설원을 배경으로 즐기는 스키와 크로스 컨츄리, 허스키가 끄는 눈썰매를 타고 즐길 수 있는 허스키 투어, 꽁꽁 얼어붙은 호수에 구멍을 뚫고 즐기는 얼음낚시, 그리고 자작나무와 사철나무가 끝없이 펼쳐진 트레킹 코스, 사미족의 문화를 엿볼 수 있는 박물관 등 흥미로운 볼거리가 주변에 산재되어 있다.

● **여행하기 가장 좋은 때** _ 얼음호텔이 개장하는 2월 초부터 4월 중순까지 방문하는 것이 가장 좋다. 하지 축제가 열리는 6월 말이나 7월에 방문하는 것도 좋다.

● **우편 정보** _ 루미 린나와 이글루 빌리지 그림이 수록된 엽서를 구입하여 엽서를 띄워 보낼 수 있다.

● **통용화폐** _ 유로를 사용하며 신용카드 사용도 편리하다.

● **비자** _ 핀란드는 무비자로 3개월 동안 여행이 가능하다.

저 너머 북구의 은하수가 반짝인다.
새하얀 눈꽃들도 머리 위로 흐른다.
순록 모피를 덮고 얼음호텔에서 지새는 밤.
당신의 음성이 가슴에 있으니 얼음 위도 포근한 밤.
머리맡의 따끈한 커피는 내일 아침 나를 깨워주겠지.

postcard from **HAITI & JAMAICA**

바다 위 궁전에서
카리브 크루즈

from carib

3000명이 넘는 승객과 1200명에 달하는 승무원을 태운
보이저 호는 지금 조지타운을 향하여 유유히 항해 중입니다.
쪽빛으로 단장한 아름다운 쿠바의 해안, 원색으로 가득한
아이티 공화국, 블루 마운틴으로 명성이 자자한 자메이카의
풍광과 그 곳에 뿌리를 내리고 살아가는 그들의 삶은 웰빙
그 자체인 것 같습니다. 편안하고 여유가 느껴지는 카리브,
이 멋진 바다를 보면서 이 바다와 닮은 얼굴을 머릿 속에
떠올려 봅니다. 잘 지내시지요?

-카리브를 닮은 이경덕 님께.

유람선에 탑승한 승객이 파라솔 의자에서 책을 읽으며 휴식을 취하고 있다.

위 카리브에 떠 있는 궁전이라 불리는 보이저 호
아래 던 강 폭포에서 무더위를 식히고 있는 모습.

바다 위의
궁전에 올라

이브닝드레스와 턱시도를 입고 빅토리아풍으로 장식된 화려한 레스토랑에서 각 국의 진미를 즐기는 저녁식사, 크레타 산 올리브를 온 몸에 바르고 일광욕과 독서를 즐기는 여유로움… 이것이 크루즈 여행의 전부라고 생각했다면 지금 이 순간부터 머리 속에 잠재되어있던 고정관념을 말끔히 지워버려야 할 것이다. 요사이 크루즈 여행은 스릴 넘치고 흥미로운 여행으로 거듭나고 있다. 망망대해를 내려다보면서 즐기는 암벽등반, 가슴속까지 시원하게 해주는 아이스 댄싱과 짧은 시간에 전혀 다른 문화 속의 사람들을 만날 수 있는 꿈의 여행 크루즈.

늘씬한 몸매를 자랑이라도 하듯 비키니 차림으로 일광욕과 휴식을 즐기는 선남선녀를 뒤로하고 마주한 유람선 「보이저 호 Voyager of the sea」는 생각했던 것보다 훨씬 컸다. 15층 빌딩 높이에, 길이는 270미터. 커다란 궁전이란 표현이 더 적절한 보이저 호와 얼굴을 대면하는 순간 그 웅장함에 그저 말문이 막혀버렸다. 앞으로 바다 위에 떠 있을 이 궁전에 오르기 위해서는 간단한 승선절차를 통과해야 한다. 물론 처음 크루즈를 시작하는 여행객이라면 조금 복잡하다고 느낄 수 있지만. 우선 가져온 짐에 자신의 이름을 기입하고 탑승 수속을 시작해야 한다. 그 절차는 출입국 관리소를 통과하는 것과 흡사하다. 수속을 마친 다음 단계는 유람선에 올라 감탄사를 연발할 준비를 하는 것.

꿈과 낭만을 안고 탑승한 승객을 태운 보이저 호가 마이애미 해변을 빠져나가자 선장의 환영인사와 함께 안내 방송이 흘러나온다. 비상사태에 대처하는 방법, 구명정 사용방법, 구명보트 이용법, 구조 요청방법 등 교육이 끝나면 이어 레스토랑, 바, 수영장, 사우나, 헬스클럽, 마시지, 쇼핑 센터, 그리고 카지노와 공연장에 관련된 안내방송이 얼마 동안 계속된다. 현재 지구촌에서 운행되고 있는 수많은 유람선 가운데 「퀸 엘리자베스 호」에 이어 두 번째로 큰 보이저 호는 14만 톤이 넘는 호화 유람선으로 3114명의 탑승이 가능하며 서비스를 제공하고 유람선을 원활하게 운행하기 위하여 동원된 승무원은 1181명에 이른다.

보이저 호에서 맞는 첫 공식행사는 저녁 만찬이었다. 커다란 가방 속에 보관해 놓았던 멋진 드레스와 양복으로 한껏 멋을 부린 승객들이 만찬장에 모이면 미리 대기하고 있던 선장과 종사자들이 지정된 좌석을 안내해준다. 이 좌석은 여행이 끝날 때까지 이용하게 된다. 감미로운 선율은 만찬장소에 들어서는 순간부터 이미 귀를 즐겁게 하고 있다.

환영만찬이 끝나면 승객들은 자신이 원하는 곳을 찾아 밤의 여흥을 즐긴다. 한적한 시간을 보내고 싶은 승객은 갑판이나 객실에 붙어 있는 발코니에서 시원한 바닷바람을 맞으며 은하수를 바라보고, 장거리 여행으로 지친 몸에 새로운 활력소를 충전하려는 승객은 사우나와 마사지로 피로를 푼다. 잠시 도박의 세계에 빠져보고 싶다면 카지노로. 아이스 링크와 공연장, 극장도 많이 찾는다.

지구촌에서 운행되고 있는 유람선은 헤아릴 수조차 없을 정도로 많지만 아이스 링크를 갖추고 있는 유람선은 보이저 호를 비롯하여 서너 대에 불과하다. 보이저 호에 설치된 아이스 링크는 생각했던 것보다 훨씬 컸다. 각종 공연을 펼치는 무대를 중심으로 ㄷ자 형태의 객석으로 구성된 이 공간은 한 번에 1000여 명을 수용할 수 있다. 20여 명으로 구성된 공연 팀은 과거 러시아, 미국, 캐나다, 프랑스 대표팀 출신으로 아이스 발레와 다양한 묘기를 펼친다. 한편 아이스 링크 아래층에 있는 극장과 공연장에서는 매일 밤 다른 영화와 다른 주제의 공연이 펼쳐진다. 영화의 경우 부담 없이 즐길 수 있는 가족영화부터 코믹영화에 이르기까지 다양하게 상영된다. 뮤지컬과 연극도 런던이나 뉴욕에서 흥행에 성공한 작품을 중심으로 공연을 펼치고 있어 누구나 가벼운 마음으로 즐길 수 있다.

배 위에서 암벽 등반을?

여느 축구 경기장의 세 배 크기가 넘는 보이저 호에는 24시간 어느 때나 이용할 수 있는 미니 골프장과 농구코트, 배구코트, 탁구장, 다섯 곳에 이르는 실내외 수영장과 여섯 개의 온천, 인라인 코스, 산책과 조깅 코스에 이르기까지 다양한 레포츠 시설이 갖추어져 있다. 여러 레포츠 시설 중 가장 흥미롭고 독특한 것은 높이가 15미터에 이르

크루즈 위에서는 누구나 무료로 골프를 즐길 수 있다.

아이티 & 자메이카 ★ 카리브 크루즈

배 위에서 암벽 등반까지 즐길 수 있다니 놀라울 따름.

는 암벽 등반시설과 스킨스쿠버 교육을 받을 수 있는 공간이다. 유람선 정상에 설치된 인공 암벽이라니, 일반적인 상식으로는 생각하기 힘든 이런 시설물을 유람선에 설치한 까닭은 승객들에게 보다 다양한 서비스를 제공하기 위해서다. 난이도가 다른 6개의 코스로 구성된 암벽 등반은 자신의 실력에 맞는 코스를 선택하여 즐길 수 있도록 만들어 놓고 있어 어린 아이부터 백발이 성한 할아버지까지 부담 없이 즐길 수 있다. 무척 위험하고 어려울 것 같지만 유람선에서 즐기는 암벽 등반은 사실 초보자도 도전이 가능하다. 완벽한 장비 착용은 기본이고 등반에 앞서 철저한 사전 교육을 한다. 그리고 각 코스마다 만약의 사태에 대비하여 전문가들이 이중 안전끈으로 수위를 조절을 해 주고 있어 누구나 안전하게 등반을 즐길 수 있다.

스킨 스쿠버 교육은 유람선이 정박하는 지역에서 다이빙을 즐기려는 승객을 대상으로 실시하는데 일정한 강의료만 지불하면 탑승객 누구나 교육을 받을 수 있다. 유람선에서 가장 큰 규모를 자랑하는 수영장에서 실시되는 스킨스쿠버 교육 역시 안전을 매우 중시하고 있으며 교육을 마치면 카리브의 환상적인 바다 탐험에 나설 수 있어 그 어떤 프로그램보다 인기가 높다.

또한 인기가 많은 것은 아름다운 바다와 섬들을 벗 삼아 조깅을 즐길 수 있는 산책로다. 400m와 250m 트랙으로 구분되어 있는 조깅코스와 산책로는 24시간 개방되어 있어 많은 승객들이 이용하는데, 특히 이른 아침과 저녁 시간에는 해돋이와 석양을 바라보면서 한적하게 조깅과 산책을 즐기려는 사람들로 북적인다. 어린이들이 즐길 수 있는 수중 놀이터와 온 가족이 함께 할 수 있는 미니 골프장도 인기 있는 시설물 가운데 하나다.

크루즈를 여행의 꽃이라고 말하는 까닭은 무엇일까? 사람마다 그 질문에 대한 답은 다르겠지만 아마도 대부분의 사람들은 한 곳에서 숙식과 휴식, 그리고 다양한 문화를 접할 수 있기 때문이라고 대답하지 않을까 싶다. 이런 측면에서 접근한다면 유람선에서 즐기는 한적한 휴식은 정말 그 중에서도 단연 으뜸임에 틀림없다. 강렬한 햇살이 그리운 사람은 갑판 위에 마련된 비치파라솔과 의자에 누워 시원하고 달콤한 과일 주스를 마시며 일광욕을 즐기면 된다. 독서와 음악을 감상하고 싶은 승객은 도

카리브 크루즈 기항지 가운데 한 곳인 멕시코 코르벨에서 운행되고 있는 관광용 마차.

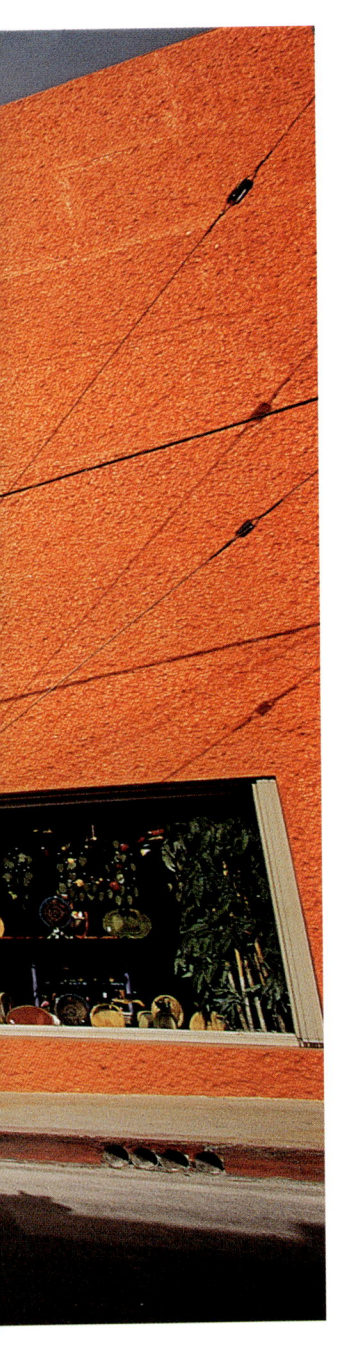

서관과 카페를 찾는다. 피로하거나 미용에 관심이 있는 사람은 피부 관리소에 가서 마사지 서비스를 받는다. 기념품을 구입하고 싶으면 자신의 이름이 적힌 ID카드 한 장만 달랑 들고 쇼핑몰을 찾으면 된다.

흔히 크루즈 여행 하면 모든 시간을 유람선에서 다 보낸다고 생각하기 쉽지만 사실 전체 여행 기간 중 선상에서 보내는 시간은 70% 정도다. 나머지 시간은 기항지에서 저마다 다른 문화와 이색적인 체험을 경험해 볼 수 있도록 스케줄이 짜여져 있다. 이렇게 짧은 시간에 다양한 문화 체험을 하는 것도 크루즈 여행만의 묘미 중 하나다. 유람선에서는 기항지에 관련된 다양한 정보를 『콤퍼스』라는 안내책자와 비디오로 수시로 방영하고 있어 누구나 관심 분야를 찾아 관람하는 것이 가능하다. 옵션 투어에 참가하지 않고 현지인과 어울려 시간을 보내고 싶은 경우에는 정박지의 카페와 시장 등을 방문하여 주민들과 차와 음료를 마시거나 시장에서 필요한 물건을 구입하며 시간을 보내다 정해진 시간 안에 유람선에 오르면 된다.

카리브 해에 떠 있는 궁전 보이저 호는 아이스 링크와 암벽, 수영장, 온천, 카지노, 인라인 스케이트장, 조깅 코스, 미니 골프장, 도서관과 인터넷 오피스까지 지상의 어느 휴양지에 비교해도 결코 손색이 없을 정도로 다양한 시설을 갖추고 있다. 유람선 종사자들이 몸으로 보여주는 철저한 서비스는 여행의 진수가 어떤 것인지 자연스럽게 느끼게 해준다.

여행정보
CARIB CRUISE

1 인천 … 마이애미 LA, 샌프란시스코, 혹은 동부의 주요도시 경유 16~18시간. 마이애미 크루즈 전용 항구에서 선편 이용.

● **찾아가는 길** _ 카리브 크루즈를 이용하기 위해서는 미국 동남부의 중심도시인 마이애미까지 이동한 후 마이애미 크루즈 전용항구에서 출발하는 선편을 이용하여야 한다. 인천에서 마이애미까지 직접 갈 수 있는 방법은 없으며 LA, 샌프란시스코, 혹은 동부의 주요 도시를 경유하여야 갈 수 있다. 경유지에 따라 비행시간이 달라지며 보통 16~18시간이 소요된다.

● **숙박** _ 크루즈의 숙소는 객실에 따라 가격 폭이 심하다. 같은 선박에 같은 음식과 서비스를 받는 경우라도 객실에 따라 차이가 있다. 펜타 하우스 같은 방과 바다가 보이지 않는 통로 측 객실은 10배 이상 차이가 나는 곳도 있으나 일반적으로 각 객실을 한 단계 업그레이드하는 데 30~50% 정도씩 가격이 상승한다고 보면 된다.

● **주변 볼거리** _ 기항지에 따라 볼거리가 달라진다. 따라서 가장 효과적으로 크루즈 여행을 하려면 각 기항지에서 실시하는 옵션을 잘 활용하는 것이 중요하다. 옵션 요금이 조금 고가인 수중 투어를 하거나 스킨스쿠버 교육을 받은 후 직접 바다 밑을 탐험해 보는 것도 좋을 듯.

● **여행하기 가장 좋은 때** _ 허리케인이 지나간 이후에 가는 것이 안전하다. 일반적으로 11~1월 사이가 이 시기에 해당된다.

● **우편 정보** _ 엽서와 편지 등 모든 우편서비스를 유람선 안에서 받을 수 있어 아무런 불편이 없으며 각 기항지마다 독특한 풍물에 담긴 엽서를 구입하여 보내는 것도 가능하다.

● **통용화폐** _ 크루즈 여행에서 가장 중요한 것은 신용카드이다. 체크인 시 카드 번호를 입력하면 유람선에서 제공하는 ID로 모든 것을 결제할 수 있다. 기항지에서는 미국 달러가 통용된다.

● **비자** _ 미국 여행은 반드시 비자가 필요하며 나머지 국가는 비자 없이 여행이 가능하다.

편하지만 지루할 것이라는 고정관념을 깨듯
요사이 크루즈 여행은 스릴 넘치고 흥미로운 여행으로 빠르게 진화하고 있다.
선상에서 암벽 등반과 골프를 즐기고 기항지에 내려
짧은 시간에 다양한 문화를 만날 수 있는 크루즈.
바다 위 궁전에서 피어오르는 환상적인 여행의 꽃.

TRAVEL MENTORING 1

소중한 추억을 아름답게 담기 위한
이형준의 실용 사진 레슨

여행지에서 멋진 사진을 찍고자 하는 소망은 여행자라면 누구나 간직하고 있을 것이다. 하지만 사진을 전업으로 하지 않는 이들이 처음부터 아름다운 앵글을 찾아내기는 어렵다. 좋은 사진을 찍고자 하는 여행객들에게 조금이나마 도움이 되지 않을까 생각해 사진을 처음 배울 당시 내가 썼던 방법을 살짝 공개해 본다.

Lesson 1 아름다운 구도는 엽서에서 찾아라!

우선 나는 목적지에 도착하면 가장 먼저 엽서를 판매하는 상점이나 그 지역을 대표하는 포스터가 붙어 있는 장소를 찾았다. 그리고 마음에 드는 엽서를 몇 장 구입하여 늘 몸에 지니고 다니다 비슷한 장면을 발견하면 우선 비슷하게 몇 장을 촬영한다. 그리고 나서 주변을 둘러본다. 엽서에 수록된 사진은 그 지역을 잘 대변하고 있는 사진이기 때문이다. 하지만 사진은 어느 분야보다 우연성과 행운이 따르는 작업이다. 자신의 스타일대로 주변을 살피다보면 엽서와는 다른 나만의 독특한 앵글을 잡을 수도 있다. 디지털 카메라는 필름이나 인화에 대한 부담이 없어 여러 장 촬영한 후 그 중 마음에 드는 사진 몇 장을 선택할 수 있으니 누구나 어렵지 않게 프로 사진가 수준으로 풍광을 찾아낼 수 있다.

역광을 잘 활용하여 촬영하는 방법도 있다. 많은 사람들이 빛과 사진기가 역광 상태인 때 촬영을 포기하는데 이런 경우 과감하게 촬영을 하는 것이 좋다. 한 가지 주의할 점이 있다면 반드시 렌즈 부분에 직사광선이 들어오지 못하도록 후드를 사용하거나 손으로 그늘을 만들 것. 직사광선을 차단한다면 본인이 생각했던 것보다 훨씬 멋진 사진을 촬영할 수 있다. 단, 디지털 카메라는 직사광선에 유별나게 약하다는 것을 잊지 말자.

Lesson 2 좋은 인물 사진을 찍으려면 예절을 지켜라!

여행객에게 가장 중요한 사진은 이국적인 풍광을 배경으로 멋지게 선 자신의 모습일 것이다. 사람을 잘 촬영하는 방법은 너무 많아 다 수록할 수조차 없다. 따라서 가장 대표적인 방법 몇 가지만 제시해 본다.

첫째, 자신의 모습보다 어두운 배경을 선택하자. 그래야 본인의 모습이 훨씬 더 부각된다.

둘째, 복잡한 배경을 선택하는 것보다 단순한 배경을 선택하는 것이 유리하다. 복잡한 배경을 선택하여 사진을 찍으면 시선이 분산되어 인물 사진이 아니라 풍경 사진이 되어 버린다. 예를 하나 들자면, 파리의 몽마르트 언덕에서 기념사진을 촬영할 경우 유명한 사원보다는 좁은 골목이나 거리의 화가들이 작업하는 공간을 선택하여 기념사진을 담아보는 것이 좋다. 다른 평범한 사진보다는 분명 차별화 된 사진을 얻을 수 있을 것이다.

셋째, 여행지에서 접하는 사람을 담을 경우, 충분히 주변을 살펴보고 사진을 촬영하는 것이 좋다. 외국에 나가면 우리와 다른 모습을 한 많은 사람들을 만나게 된다. 이들을 사진기에 담으려면 먼저 그들의 문화를 이해해야한다. 사전에 동의를 구하고 사진을 촬영하면 보다 좋은 사진을 촬영할 수 있을 뿐만이 아니라 그들의 문화가 좀 더 배어 있는 사진을 담아올 수 있다. 디지털 카메라를 가지고 갔다면, 먼저 촬영한 사진을 보여주고 원하는 포즈를 부탁하면 훨씬 멋진 사진을 담는 것이 가능하다. 모델이 되어준 사람의 이메일 주소를 적어와 보내주겠다고 약속하면 더욱 흔쾌히 응해줄 확률이 더 높다. 물론 약속을 지키는 것은 기본이다.

Lesson 3 주제의 주변에도 관심을 가져 보자!

여행에 경험이 많은 사람들도 늘 방문한 곳에서 가장 인상적인 명소를 배경으로 사진을 촬영한다. 이런 현상은 지극히 당연한 것이다. 하지만 사진을 반복해 보면 금방 싫증을 느끼게 된다. 따라서 여행을 할 때마다 일반적인 기념사진을 찍는 것 외에 한두 개의 주제를 설정하여 사진을 촬영한다면 분명 다른 사람과 차별화된 사진을 만들 수 있다.

예를 들어 영국의 시골을 찾아 여행을 할 경우라면 내셔널트러스트 운동과 연관이 있는 장소를 찾아가면서 사진을 촬영을 해본다면 색다른 경험이 될 것이다. 그곳만의 흥미롭고 아름다운 길이나 문화 관련 지역을 찾아 자신이 관심이 있는 부분을 선택하여 촬영해보는 것도 좋다. 나의 경우, 독일을 방문할 때마다 한두 개의 길을 따라 이동하면서 그 길과 연관된 사진을 찍고 있는데 이런 작업을 하다보니 남들이 전혀 모르는 새롭고 흥미로운 장소를 발견했던 경험이 자주 있었다. 아프리카의 자연과 동물을 찾아 떠나는 경우라면 동물과 원주민의 모습 외에도 그들의 독특한 문화를 엿볼 수 있는 벽화와 전통 토산품 같은 액세서리를 사진기에 담아오는 것도 좋을 성싶다.

Lesson 4 작은 것에 눈을 돌려라!

여행하며 사진 찍는 일이 직업인 사진가 중에는 늘 광활한 자연이나 유명한 명소만을 담아오는 경우가 꽤 많다. 그런가하면 여느 사진가하고는 전혀 다른 사진만을 고집스럽게 촬영하는 사람들도 드물지만 간혹 볼 수 있다. 필자의 경우도 처음 몇 년 동안은 광대한 자연이나 세계적인 명소만을 주로 사진기에 담아왔다. 그런 어느 날 미국의 인디언 유적지를 방문하여 사진을 촬영하던 중 우연한 기회에 「뉴스페이퍼」라고 불리던 거대한 암각화를 사진기에 담아올 기회가 있었다. 세로가 3미터에 가로가 10여 미터에 이르는 거대한 암각화에는 수백 개에 이르는 그림들이 새겨져 있었고 이를 다 담기 위해 족히 30~40장에 이르는 사진 촬영을 하였다. 당시로는 그저 기록의 의미였던 이 사진들은 훗날 사람들로부터 많은 찬사를 받았다. 촬영 당시에는 상상조차 못했던 반응이었다. 그 후 나는 여행을 떠날 때면 작은 소품을 담는데 꽤 많은 정성과 시간을 할애하고 있다. 그러다보니 다른 이들이 소유하지 못한 다양한 사진을 소장할 수 있는 기회가 더 많아졌다.

1 여행지에서 산 엽서들 **2** 독특한 문양이 새겨진 가죽으로 만든 토산품 **3** 탄자니아의 마을의 벽화

TRAVEL MENTORING 2

e메일로 전할 수 없는 마음
외국에서 엽서 보내기

1 유럽이나 미국에서
원하는 엽서를 선택해 받을 사람의 이름과 주소지를 쓰고 자신이 전하고 싶은 이야기를 적어 발송하면 된다. 우표는 꼭 우체국에 가지 않더라도 일반 잡화상점이나 편의점에서 구입이 가능하다. 엽서가 배송되는 최종 목적지에 따라 우표를 붙여 우편함에 넣으면 끝이다. 이 때 주의해야할 점. 국내와 국외로 발송되는 우편함이 따로 마련된 곳이 있는 경우는 반드시 해외 우편 수집함에 넣어야한다. 엽서 내용은 한글로 써도 전혀 문제가 없으나 받는 사람이 거주하는 국가는 반드시 영어로 써야 한다. 또한 Air Mail(항공우편임을 표시)이 인쇄된 스티커를 붙이거나 엽서 하단에 직접 기록해야한다.

2 일본, 중국, 남미 등에서
일본은 선진국임에도 불구하고 엽서를 보내려면 우체국을 직접 찾아 가야한다. 엽서는 어느 곳에서나 구입할 수 있지만 우편 업무는 일반 상점이나 편의점에서 취급하지 않기 때문이다. 엽서가 도착할 국가의 주소는 한자와 영어 중 하나를 선택하면 되고 항공엽서임을 표시하는 것도 잊지 말아야한다. 중국과 남미의 경우도 일본과 흡사한 시스템을 사용하고 있다. 고급 호텔의 경우 엽서를 작성하여 호텔에 부탁하면 어느 정도의 수수료를 받고 업무를 대행해 주기도 한다.

3 아프리카에서
아프리카는 국가와 지역에 따라 엽서를 보내는 방법이 전혀 다르다. 케이프타운이나 시디 부 사이드 같은 세련된 도시에서는 엽서를 구입하여 우체국을 찾거나 호텔에 부탁하면 별문제 없이 엽서를 부칠 수 있다. 그러나 오지의 경우는 전혀 다르다. 오지에서 엽서를 가장 확실하게 보낼 수 있는 방법으로는 우체국을 찾아가는 방법과 호텔에 부탁하는 방법이 있다. 그러나 오지에 자리 잡고 있는 우체국의 경우, 규모가 너무 작아 엽서를 붙인다고 해도 많은 시간이 소요되고 엽서가 중간에 분실될 경우도 간혹 발생한다. 때문에 가능하면 호텔을 이용하는 곳이

좋다. 흔히 아프리카하면 모든 것이 낙후된 곳으로 생각하기 쉽지만 사실은 전혀 다르다. 샤마리 리조트를 비롯하여 응고롱고로 자연보호 지역에 자리 잡고 있는 호텔은 시설과 서비스에서 선진국의 초호화 호텔에 비교하여도 조금도 손색이 없다. 그러니 우편 업무는 호텔에 부탁하는 것이 가장 확실하다. 호텔에 따라 일정한 수수료를 받는 곳도 있지만 대부분 서비스 차원에서 무료로 엽서를 처리해 준다.

4 이동하면서

항공기와 크루즈 유람선, 그리고 기차에서 엽서를 보낼 경우는 상황에 따라 방법이 조금씩 달라진다. 항공기에서 제공되는 무료 엽서에 내용을 적어 승무원에게 주면 항공사에서 우편요금을 부담하여 발송해준다. 크루즈 유람선의 경우는 엽서를 개인이 구입하여 필요한 내용을 적은 다음 우표를 붙여 우편함에 넣으면 된다. 고급 기차에서도 역시 엽서 제공과 우편처리까지 무료로 서비스하고 있다.

1 세계 각국의 우편함을 관찰하는 것도 즐거운 일이다.
2 우체국에서 엽서를 쓰고 있는 여행객들.